禪妙

生命靈性的幸福起手式

定心・靜坐・禪修入門參考書

四三先生 編著

推薦語

妙思妙語妙不可言

中華華人講師聯盟創會長　張淡生

禪的道理超越哲學，堂奧奇妙雲深不知，看完四三大師的《禪妙》，妙思妙語妙不可言！

世界有三難：

1 發現自己很難

2 改變自己更難

3 要求自己最難

看了《禪妙》這本書，讓我們開始尋找自性。一旦禪的密碼開啓了，我們的生命被喚醒了，因此幸福多而煩惱少。

禪讓你身安，它是必要的！
禪讓你心定，它是需要的！
禪讓你靈悟，它是重要的！

因爲，此書讓你尋找到一個人內心世界，透過行禪的次第，進而修生命中的彗心，你的疑惑，在禪妙中找到了答案！

平衡的人生要整合！
快樂的生活要愉悅！

豐富的生命要飄逸！

願禪妙豐足你的幸福人生！

從禪定照見幸福人生

中國標準草書協會常務理事、翼中書道會會長、書法家　吳翼中

作者（四三先生）博學多聞，才藝兼備，幽默風趣，機智過人！自有一套人生處世哲學。

此次新書《禪妙》，從禪定來談人生靈性的幸福下手處，對人生哲學有一番新解，拜讀後深受啓發。

談禪悟道言；觀妙見如來。
四三談般若；皓月照禪心。
相信讀者們都能因讀此書得利，照見幸福的人生。

禪定心法提升生命的靈性

世界洋服冠軍、格蘭西服設計總監　陳和平

我不懂禪，但很有佛緣！從小在佛教家庭長大，由於父母的身教，家鄉廟宇有活動時，我都虔誠禮佛，參與祈福，出動勞力，服務鄉里。

我跟作者四三先生結緣，是因爲格蘭西服，他是我的好客戶，我們相識將近二十年。從認識的過程中觀察四三先生，他一直在修行，他不僅是個成功企業家，也是太極高手、易經老師、禪修行者，研哲理、常精進，做什麼像什麼！他聰慧過人又有恆心。我跟四三先生一樣是清苦家庭出身，或許是因他的母親也做服裝裁縫，因此他待我如弟弟般疼愛。他是我親近尊敬的好兄長！

本書演繹禪定心法，簡單易懂，是一本好書，相信讀者可以因此減少煩惱及困惑，提升生命的靈性，減少修行的障礙。

大華嚴寺文創總監、紅點設計大使　陳文龍

信、願、行是學佛的歷程

信、願、行是學佛的歷程。發願也就是依照個人的天賦、能力去定位。整個過程重點在於不但要「知道」而且要「做到」。這部分應該是最難的修行。

第一次在大華嚴寺認識四三會長，便被他的願力與行力感動，爲了推動寺院的發展，他發願要用他美美的書法抄寫《地藏本願經》一百零八遍，並做成精美的匣子做爲結緣品。從文創的觀點來看眞的具有很高的附加價值。

相信書裡面所提到的，是作者有感，而樂於分享的善知識，對於我等還找不到定位的學佛弟子而言，提供了一個極具參考價值的內容。

台大保險經紀人股份有限公司董事長　陳亦純

禪修以淨心

四三兄囑咐我爲他的大作寫序推薦，我婉拒再三，因爲我哪能爲修行高超，又勤於抄經度衆的大仁者贅言呢？

但他以幾次「他所託附之事，我都能達成」的理由，而強要我美言幾句。

四三兄抄經之數量可說一般人難以向背，浩瀚渾厚的《地藏經》一般人抄一部要個把月，他三五天即可竣工。我一天抄《心經》一篇，他可一天連抄三十篇，造福大地福披陰陽兩造！

此書並不強調宗教，雖然引言出處以佛經和易經爲主，實際上是講眞理的追尋。眞理在各宗教之間，各宗教不一定是眞理。

書中微言大義，要大家禪修以淨心，並要造林環保作布施，並以抄經定慧增大地能量以護生。

四三先生護持「彩雲仙居」，每半年號召有心人捐款和物質助慈善機構，並廣集《心經》抄經文作法會以達天庭。

我也廣召好友抄經，半年可達四千多篇，目前將抄經的義行推廣至神州大地，成果將更宏偉。

四三先生也贊助《了凡四訓》這本中國的第一本改命轉運的善書，我將之改寫的《改變命運的21個祕密》現代寓言版。在四三先生的助印下，現在也開始以簡體字版在大陸推行，相信對中華民族的文化和民眾修爲有助益。

就像此書，功德無量，功高參天際！

第一篇 課前

第二篇 上課

前言

這是一本入門參考書，對於在人生旅途中載浮載沉的人、想要禪修的人，或者想要提昇生命品質的人，整理這本書希望對你有參考價值。

禪定的目的並不是飛天鑽地，而是體現我們身爲人身，如何的「善對待」——善對待自己、善對待家人，乃至於善對待衆生及天地。

禪修道路中，自己覺得生命很美好，對周遭環境很欣賞，眞的很幸福，這就是禪妙的境界。這些美好不可思議，不是你用金錢可以去換得來的。

禪定是從「慎獨」的「小學」開始，所謂「灑掃、應對、進退」，到「大學」的「大學之道，在明明德，在親民」的必修課程。前者是自利（自力、自立）的聲聞緣覺道；後者是自利而後利他的菩薩道，是每一個人一輩子投資報酬率最高的事業。

禪修是靈性的提升，生命的覺醒過程，要先入門。入門只要找對鑰匙或密碼正確，修行的門自然開啓。這是一本萬能鑰匙，依照書中所言所行必定能進入禪門。

進門之後，正知見很重要，知見偏差就像路徑錯誤，所謂差之毫釐失之千里，剛開始的路徑偏差若沒有即時回頭、沒有調整，久而久之離正道就很遙遠了。

偏離正道的修法，還是會有某些成就，像牛魔王、蜘蛛精等都有某些功夫。可是功夫到家、神通廣大，其意義在哪？生活更美滿幸福了嗎？

今日世道自稱有神通者不少，愛現的也不乏其人。不管是眞是假是騙是掰，對於自己本人的法身慧命，乃至於對於衆生並沒有實質的幫助，甚至會阻斷別人的法身慧命。煩惱還是煩惱，不能解脫還是不能解脫，不好不好，不好不好。

本書並不強調宗教，雖然引言出處常以佛經和易經爲主，實際上是講眞理的追尋。眞理在各宗教之間，各宗教不一定是眞理。

掌握這個原則，希望讀者在提升生命品質及生命覺知方面有所助益，祝福你！

感謝李漢章、陳寶忠、吳昌霖等諸善知識的提點；感謝表妹洪月嬌細心校稿並提供寶貴意見；感謝妻子在母親年邁時的悉心照顧。母親人生的最後一個月恰好是本書從無到完成的一個月，母親的養育之恩，難以回報，如果本書有任何功勞，即便僅有一毛一滴一沙一塵，祈願獻給我母親。

本書引前人之言處，使用標楷體，或有出處不可考者，沒有標示出處，除了感恩，也請十方大德見諒。

四三謹致

願本書功德迴向十方法界、
一切天人、阿修羅、人、
非人等皆共成佛道

第一篇

課前

● 第一章

基本功課

（一）見禪

什麼是禪？

禪，漢傳佛教術語，原爲禪那（巴利語：jhāna，梵語：dhyāna）的簡稱，漢譯靜慮。禪傳到日本，日文叫「禅」（Zen），後來由日本傳到西方，因此西方人認爲禪是日本的文化。實際上是中國的禪宗傳到日本去的。

古賢翻譯爲「禪」非常傳神：

有形的是你的身體髮膚，無形的是你的靈性。禪（示單），示是無形的

（像神、禮），單是自己，禪就是無形的自己，也就是靈性的自己。

靈性的修練，是自己的事，那種感受及境界非言語能夠說得明白。修練啊修練，練到有定性了，有了自己的見地，那顆心啊不迷失、不隨波逐流了。

外離相為禪；內不亂為定。《六祖壇經》

眼耳鼻舌身識六根，碰到色聲相味觸法六塵，而產生眼耳鼻舌身意等六識，於是有了妄想、分別、執著的意識形態。

外離相就是六根碰到六塵不起作用。如果不被眼睛所見、耳朵所聽、鼻子所聞、舌頭所嘗、身體所感覺、識性所感受所牽引，就是六祖惠能對禪所下的定義。

外離相就是能夠放下妄想、分別、執著，所謂不著相是也。

這本書是談禪修及其妙用，所以要先對禪有了解，才能深入，深入之後才能起妙用。

簡單嗎？說來簡單，做起來困難。

禪妙

妙是不可思議、不可言喻，難以用言語形容卻又感覺非常的美好。這種境界唯有透過自己的實踐得來。不是老師教你的，不是朋友給你的，是自己給自己的。

（二）見自己

善用其心

學禪第一步要認知頭腦是識性，善分別，因爲分別而對立，因爲對立而衝突。因此要少動腦，多用心，如何善用其心是學禪的基本認識。

心海

我們這顆心廣大浩瀚無邊。心海若是波濤洶湧，行駛在心海的船隻，容易翻船；若是海浪平靜，行駛在海上的船隻很安定。

學禪是學著讓心海的波動相對穩定，遇到任何的順境、逆境都很平靜。

心量

心量要大，倒一桶墨水不會影響海水的顏色，然而只要半滴墨水，一杯水就黑了。這是小氣（器）與大氣（器）的差別。心量大的人是大器，如果自己的心像雞仔腸、鳥仔肚，就是小器之人。

如何大器？不計較爲先，用布施來接力。

迷惑

財、色、名、食、睡，因爲貪念容易使人迷惑而無定見。「慾」是心、欠、谷，心中所欠的像山谷一般塡不平。慾望使人迷失。

尋找良師

經文是老師，善知識是老師，反面教材也是老師。保持覺性，常常自我反思的人，就會遇到良師。

要善良也要智慧

善良無止境，要有般若智慧，否則容易變成一隻好馬，被人騎。
福慧兩足尊，恰如陰陽善調合。

轉念

學習轉念，你會發現你的世界轉動了。人生何處不逆境！
等公車公車剛走，等電梯電梯剛下去，要從這些日常小事中學習轉念。
習慣轉念的人，會享受轉動全世界的美好。

依靠

皈依三寶。
皈依是依靠、依止；三寶是佛法僧三寶。
皈依佛，佛是覺悟、明白；皈依法，法是正法、真理；皈依僧，僧是清淨、無垢。

你一直在覺悟、明白，一直在學習眞理，一直都以清淨的心來面對自己及周遭的萬事萬物，會不會進步？

建議你每日睡覺前、起床後唸十聲「皈依佛，皈依法，皈依僧」，日久見「佛」心。

三皈依

自皈依佛，當願眾生，體解大道，發無上心。
自皈依法，當願眾生，深入經藏，智慧如海。
自皈依僧，當願眾生，統理大眾，一切無礙！

依法不依人

如果對於師長所言有疑問者，請找經典，尋求答案。

口德口得

把嘴巴管好也是禪定，也是修行。逞口舌之便，尖酸刻薄、爭強好勝對禪定都有障礙；隨喜讚歎，言詞溫暖柔軟都是增上緣，有助禪定。自私抱怨、慳貪嫉妒會障礙禪定之路，也有損福報。

口不出惡言

嘴巴像刀子，即便心像豆腐一般，不算是好人。

孝順父母

沒有父母可孝順者，把天下父母當成自己的父母。將小悲化成大悲，小愛化成大愛。

尊敬師長

師是師父（人生導師），長是長輩。

好學

學無止境，好學、學好、學好的。

小學大學

小學要學什麼？

學待人接物，應對進退。

大學呢？

大學之道在明明德，在親民，在止於至善。

小學學「自度」，是羅漢道；大學學「度人」，是菩薩道。

小學是大學的基礎，不經小學直上大學者根基不穩固。欲度人者必先能自度，自度的基本在應對進退。

培養閱讀及筆記的習慣

筆記訓練表達能力、組織能力，閱讀訓練耐性、分析能力。

聆聽

聆聽是最好的說服力，培養聽的能力及聽的耐力。

觀世音菩薩聞聲救苦，所以那麼多人信祂。注意喔！是先聞聲，再來救苦，就是先聆聽。

布施

如何布施？有錢出錢，有力出力，這是財布施。有法說法，這是法布施。給人醫藥飲食臥具、軟言慰語，讓人不憂不懼不恐不怖，這是無畏布施。財布施者將來富有；法布施者將來有智慧；無畏布施者將來健康長壽。

這是附帶利益。不應貪著利益才去做。

補財庫

一般人寧願把錢拿去補財庫，幾百塊錢、幾千塊錢都在花，希望自己的財庫盈滿能賺大錢，但是拿同等的錢去布施很難，因爲自己覺得自己的日子就難過了，哪能拿出去，每一分錢都是肉啊！

所以寧願拿去補財庫，因爲補財庫是爲己、利己；布施是利他而後利己，後者福德多。

爾時世尊。復告曼殊室利童子言。曼殊室利。有諸眾生。不識善惡。唯懷貪吝。不知布施。及施果報。愚痴無智。闕於信根。多聚財寶。勤加守護。見乞者來。其心不喜。設不獲已。而行施時。如割身肉。深生痛惜。復有無量慳貪有情。積集資財。於其自身。尚不受用。何況能與父母妻子。奴婢作使。及來乞者。彼諸有情。從此命終。生餓鬼界。或傍生趣。由昔人間。曾得暫聞藥師琉璃光如來名故。今在惡趣。暫得憶念彼如來名。即於念時。從彼處沒。還生人中。得宿命念。畏惡趣苦。不樂欲樂。好行惠施。讚歎施者。一切所有。悉無貪惜。漸次尚能以頭目手足。血肉身分。施來求者。況餘財物。《藥師經》

藥師佛跟衆生說布施之利，貪吝的人將來會墮入畜生道、餓鬼道。反之，懂得布施者，投資報酬率捨一得萬。

要去財神廟排隊還是把時間拿去奉獻？那跟靈性有關，靈性越高，禪修更容易。

若有善男子善女人，於佛法中所種善根，或布施供養，或修補塔寺，或裝理經典，乃至一毛一塵，一沙一渧。如是善事，但能迴向法界，是人功德，百千生中受上妙樂。如但迴向自家眷屬，或自身利益，如是之果，即三生受樂，捨一得萬報。《地藏經》〈校量布施功德緣品第十〉

假使你能把要拿去補財庫的錢拿去做好事，假使你把去財神廟的往返及排隊的時間去做志工服務，如是布施，那麼你就與禪修的距離不遠了。因爲最好的補財庫方法是布施。沒錢的話，去做志工也是布施。

所謂：貧窮布施難，富貴求道難。

貧窮人要拿錢布施本來就有困難，但是你把僅有的布施出去，那個心量之大，連佛菩薩都讚歎。

注意喔，布施不能有所求，有所求的布施是有漏的布施，得到的是世間善報。

不求回報的布施功德大。

持戒

戒律是依照不同時代、不同地區的習俗文化而定，不一定非得要遵守。

而大多戒律有助於精進修行而成就。

戒律不是眞理，而眞理不變。

（三）見親友

真心愛人，真信真理

從愛人開始，學習關懷跟付出；相信眞理，遇到難關有得依靠。

應答

出門說：出門囉！答：路上小心喔。

回家說：我回來了。答：喔，你回來啦！

睡前說：要去睡覺了，晚安。答：晚安。

早晨起來說：早安。答：早啊！

吃飯前後，雙手合十，道聲謝。

這些小事很簡單，養成習慣，習慣成自然。

在溫暖的家成長的人，出社會比較容易帶給人家溫暖。「家裡冷冰冰，外面熱呼呼」的，這種人少見。

有家人的跟家人說；無家的人跟同居者說；獨居的跟守護神、地基主說。

親子關係

恩生於害，對孩子太過好，我們說是寵愛。被寵愛的孩子，福報若是不足，是無法消受的。請注意，福氣享受過多、過度了，就要受苦了。出了社會難免會吃苦頭，爲了避免給孩子享受過多，從小就要給他們釣竿，學習飢餓、學習挫折、學習解決問題。

有一年夏天，我的朋友在家中，兩個孩子正在爭吵，朋友心想：吵架也是成長的機會，讓他們吵吵看，後來吵不停，於是上前關心問爭吵何事？

弟弟說：都哥哥啦，我要吃西瓜他就來搶！哥哥反駁說：西瓜是昨天沒吃特地留下來的，本來就是我的！弟弟說：西瓜又沒有寫你的名字怎麼證明是你的？

公說公有理，婆說婆有理，怎麼辦？通常權威的父親或沒有耐性的父親會說：吵什麼吵，刀子拿過來，把那片西瓜切成兩片，喏，哥哥這一片，弟弟這一片！有一天那個爸爸老了，需要小孩的照顧，叫哥哥來，哥哥說：爸爸對弟弟比較好，叫弟弟來照顧！爸爸說有嗎？哥哥說有啊，當年搶西瓜的那一天，你把大塊的西瓜給弟弟，你比較疼他，所以你叫他來照顧。叫弟弟來，弟弟說：爸爸對哥哥比較好，因爲那天爸爸把比較甜的那一塊給哥哥，應該叫哥哥照顧才對！

結果因爲那點芝麻綠豆小事，做父親的不經意，造成兩個孩子心理的陰影數十年，生病也不來看顧。分明是一件小事，怎麼變成大事呢？

退回當時的場景，爸爸問孩子：哥哥你讓不讓？哥哥不讓；問弟弟也不讓，於是對孩子說，爸爸也想吃，可是爸爸愛你們所以自動放棄，這片西瓜屬於你們兩個的，可是既然你們都想吃也都不願意讓，不然爸爸提議：你們兩個猜拳，三戰二勝，好不好？（故事還沒完……）

爸爸說：這把刀子「給贏的人切」，切成二分，而讓「輸的人先選」。結果哥哥贏了，他拿起刀子在空中遲遲下不了手，苦惱如何切得平均，不讓自己吃虧；而弟弟雖然猜拳輸了，但他很得意，好整以暇的看哥哥有多會切，反正弟弟先選擇。如此爸爸贏得了愛心，也教孩子一堂課；哥哥贏了分配權、弟弟贏了選擇權，都贏。

親子關係是眷屬圓滿的一部分，眷屬圓滿是禪修的資糧道。

慈悲要有智慧

慈是給樂，悲是拔苦。欲對他人慈悲應先對自己家人慈悲。父母親的慈悲到後來通常變成溺愛，爲什麼呢？

因爲給樂是短暫的樂，拔苦是拔短暫的苦，所以變成溺愛。孩子在溺愛的環境中長大，人格性不完整、社會協調性不佳，於是產生很多家庭及社會的問題。

所以欲慈當計長遠慈，欲悲當計長遠悲。

如何能長遠？

這個時候要靠智慧，般若智慧。易曰：

子曰：「小人不恥不仁，不畏不義，不見利而不勸，不威不懲；小懲而大誡，此小人之福也。易曰：『履校滅趾，無咎。』此之謂也。」「善不積，不足以成名；惡不積，不足以滅身。小人以小善爲無益，而弗爲也，故惡積而不可掩，罪大而不可解。易曰：『履校滅耳，凶。』」

對於孩子、家人、有緣的人，剛開始有一些偏差行爲就應該給他導正回來，否則積重難返，到最後不可收拾。

所以說慈悲要有智慧，沒有智慧的慈悲會變濫好人，乃至被欺負的人。記住，慈悲沒有止境，當慈悲沒有效果，反而造成反效果的時候，請勿懷疑慈悲心。問題不在慈悲，而是智慧不夠。

要學習智慧，而不是放棄慈悲。

（四）見真理

放生

造林與環保是最好的放生。

造林不止讓環境增添一點綠，重要的事是讓該回來的生物回來了，自然平衡了，和諧了。這個世界，是共生的生物鏈，一個環節斷了，都是浩劫。

不要讓魚再吃塑膠袋，不讓海灘充滿垃圾，你的方便，造成海洋的浩劫。對魚不關懷，對海洋不友善，那就要有心理準備……你會吃不到魚，你會踩著垃圾踏浪，被針筒扎、被玻璃割。

放生不讓魚鱉講幹話：「媽的，放生海裡？我是淡水魚捏！」

放生不讓平靜的青山，變成眼鏡蛇的主場。有人買來放生，就有人抓來賣，這樣的放生變成生意而不是做善事，那些被抓了放、放了抓的動物其實心理很不爽，本來無一物，何處惹塵埃呢？這樣的放生是功德無量還是功德無亮？「宗教團體，慈善團體」下次放生時，請三思再三思。

大自然的平衡至爲重要，生態平衡是自然平衡的一部分，一件小事都可能變成人類浩劫。蜜蜂、蝴蝶變少了，你有感覺嗎？

感恩

天地、父母、師長、衆生。

就從吃飯前後的感恩開始，飯前飯後或合十或握拳，心中默念，感謝十方衆生及天地萬物的恩賜，賜給我這一餐。「我當做個對天地父母師長衆生有用的人」來回饋。

報恩

好好做人、認眞做事、善護念，就是最好的報恩。

菩薩道

願做衆生牛馬，人生以服務爲目的，助人爲快樂之本。

願消三障諸煩惱，願得智慧眞明了；普願罪障悉消除，世世常行菩薩道。〈迴向偈〉

福德與功德

做好事是福德，禪修是功德，自己用功所得。

華嚴聖境

這個世界像一座花園，花園裡有各種花草樹木，各自燦爛各自精彩，卻又共生相融合。小草不必羡慕大樹，雛菊不必羡慕蘭花。人也是一樣，各有各的特色，能夠互相欣賞、包容、接納而不互相妒嫉排擠，這樣就是華嚴境界，也是禪修者的基本態度。

服務

只靠打坐，抱上師的大腿者，難有成就，終究還是得利他，爲大衆服務。

先生緣主人福

先生是指醫生，找到醫生治好你的病，不一定醫生的醫術高明，而是自己的福報夠，能夠找到可以治療你的病的醫生。

如果你的病檢查不出來，那極有可能是業障病，檢查不出來就找不到原因，找不到原因就無從治療起。

障礙更大的，找到的醫生不僅治不好，更給你醫錯病給錯藥，衰到極點。

《藥師經》裡有九大横死，第一横死就是投以非藥：

爾時，阿難問救脫菩薩言：「善男子！云何已盡之命而可增益？」救脫菩薩言：「大德！汝豈不聞如來說有九橫死耶？是故勸造續命旛燈，修諸福德，以修福故，盡其壽命不經苦患。」阿難問言：「九橫云何？」救脱菩薩言：「（一）若諸有情，得病雖輕，然無醫藥及看病者，設復遇醫，授以非藥，實不應死而便橫死。又信世間邪魔、外道妖孽之師妄說禍福，便生恐動，心不自正，卜問覓禍，殺種種眾生，解奏神明，呼諸魍魎，請乞福祐，欲冀延年，終不能得。愚痴迷惑，信邪倒見，遂令橫死入於地獄，無有出期，是名初橫。」

爲什麼這麼衰？那是因爲障礙大了。怎麼辦？懺悔業障。

往昔所造諸惡業，皆由無始貪瞋痴，從身語意之所生，今對佛前求懺悔。

道

一陰一陽之謂道，道是大道，很好走的那一條路。

道字左右兩撇代表陰陽，接下來一，是陰陽和合共生，合而爲一，自然的運轉（走字旁）稱爲道。

太極圖陰中有陽，陽中有陰，對的裡面也有不對的。

比如孩子在路上走丟了，就馬上打罵孩子，這樣是做父母的失格。難道父母親沒有責任嗎？

隨手打罵孩子證明做父母的愚痴與衝動。

發菩提心

1 首先應有出離心：試著用另外一個角度看問題，或者站在對方考慮問題，也就是把「我執放下」，不執著自己的立場，不把我放在第一，倘若能爲他人想，就比較能破我執。

2 大悲心：悲是拔苦，見到別人的苦難能夠去幫忙。離開自己都是別人，包括親人、仇人、六道衆生，通通是別人。

3 般若智慧：也有說是空正見，能夠解空者就有智慧，有智慧才能眞正的解脫煩惱，才眞正的解決問題。

出離心是看法，大悲心是做法，智慧是如法。出離心是直心，大悲心是悲心，般若智慧是深心。所以大乘起信論云菩提心是直心、悲心與深心。

大悲心

大悲心很難，對我們不好的人能夠不跟他計較就已經是修養到家了。對我們不好的人如何能夠大悲心？門人問耶穌基督：如果有人打你耳光你當如何？耶穌說另外一邊也讓他打。

冤家宜解不宜結，會找你麻煩的都有原因的。問題是你受了欺負、委屈乃至受了傷，你能選擇放下，原諒對方，同時也能誠心的爲對方禱告、誦經迴向，願他解脫自在，這個才算是大悲心。

這種心量能夠如此對待對自己的父母兄弟就很難了，更何況是對待同事、乃至不相干的人。有人對你做了不好的事，你是怎麼看法、想法、做法的呢？

如果你選擇以牙還牙，人不犯我我不犯人，人若犯我，此仇不報非君子？一報還一報，因為這樣，冤冤相報何時了？這是「輪迴模式」，因為你無時無刻心中充滿怨氣想要報仇。

如果是「加倍奉還」的思維模式，那麼自己給自己的負擔將影響到你的生活。無時無地地想盡辦法要去報復，而且是過激的辦法，這樣的日子並不好過，畢竟人生還有很多精彩。

心存報復，你就掉入「地獄模式」；心存感恩，你就處在「天堂模式」。所以說大悲心很難，但是它是眞正的解脫之道，天堂模式。

福報

福報在哪裡？在應對進退。應對進退得宜的人福報大，因為大家都喜歡他；應對進退不得宜的人沒有福報，乃至於造惡業。應對進退不好的人再聰明也沒有用。

修行成不成就主要看你的人格性健不健全，你的家庭生活美滿不美滿，你跟人相處和諧不和諧。

供養

布施與供養有什麼差別呢？

布施是指對下，供養是指對上。阿公說他上面沒有長輩了，你說你是董事長上面沒人了，總統也說我是九五之尊上面眞的沒人了！要去供養誰？認爲上面沒人了的領導們是傲慢的人，因爲所謂「上」是指人格、學識、靈性、修行比我們高尙的人、神及佛菩薩！

所以我們可以供養「善知識」，不管在家出家、不論佛教、各種教，對神佛菩薩的供養當然是對上供養。

供養什麼呢？一般人拿金銀琉璃珍珠瑪瑙去供養善知識（上師），給神尊安金身、掛金牌，這些都是供養。注意喔，這個時候的那顆「心」很重要，如果你送給師父一顆勞力士，希望師父能多傳法、多關愛你、你給神尊掛個金牌心裡想的是讓你身體健康賺大錢，這樣是「生意」而不是修行。修行人內心清淨不雜染，這樣禪修才能進去。

佛前供花、供果、燃燈這些供養也是供養，它是修行的媒介，有了媒介才好攝心，主要是訓練你用心。

不是供花果素齋點燈請求佛菩薩保佑，這樣子的想法不能說不對，但是離修行太遠太遠。

修行是靈性的培養，供養是修行的一部分。

佛菩薩不需要世間的金錢財富、榮華富貴的。你給他千萬億祂也不會動心的，因爲盡虛空遍法界一切所有都是祂們的，可是你能把全身僅有的二毛錢拿出來供佛，那可是天大的事，佛菩薩都來讚歎你。錢不在多寡，在你的那顆心有沒有夠清淨，那是靈性。

作佛事是追求真理的事

開明的父母也希望孩子孝順，希望好好的做人，出社會好好做事，行有餘力服務社會、報效國家。心裡想的是孩子好、社會好，而不是孩子買好吃好穿好用的給他們。

一樣的道理，供養佛菩薩，你知道諸佛菩薩心裡想的是什麼呢？佛菩薩跟開明的父母親一樣，好好的修行就是對佛菩薩最好的供養。

復次，善男子！言廣修供養者，所有盡法界、虛空界，十方三世一切佛刹極微塵中，一一各有一切世界極微塵數佛，一一佛所，種種菩薩海會圍繞。我以普賢行願力故，起深信解，現前知見，悉以上妙諸供養具而爲供養。所謂華雲、鬘雲、天音樂雲、天傘蓋雲、天衣服雲、天種種香、塗香、燒香、末香，如是等雲，一一量如須彌山王。然種種燈，酥燈、油燈，諸香油燈，一一燈柱如須彌山，一一燈油如大海水。以如是等諸供養具，常爲供養。善男子！（諸供養中，法供養最。）所謂：

1 如說修行供養

2 利益眾生供養

3 攝受眾生供養

4 代眾生苦供養

5 勤修善根供養

6 不捨菩薩業供養

7 不離菩提心供養

善男子！如前供養無量功德，比法供養一念功德，百分不及一，千分不及一，百千俱胝那由他分、迦羅分、算分、數分、喻分、優波尼沙陀分，亦不及一。何以故？以諸如來尊重法故。以如說行，出生諸佛故。若諸菩薩行法供養，則得成就供養如來。如是修行，是眞供養故。此廣大最勝供養，虛空界盡，眾生界盡，眾生業盡，眾生煩惱盡，我供乃盡，而虛空界乃至煩惱不可盡故，我此供養亦無有盡。念念相續，無有間斷，身語意業，無有疲厭。（《華嚴經》〈普賢菩薩行願品〉）

「諸供養中，法供養最。」所謂「法供養」就是如法供養，依照佛菩薩的教導來修行，就是如法供養，因此修行人要自己確認有沒有如佛陀說的法來修行？有沒有去利益眾生、攝受眾生、代眾生苦、勤修善根、不捨菩薩業、不離菩提心。

供養具是媒介，供花香果燈杯子盤子是最常見的，在供養的時候一定要隨分隨力，在能力範圍內挑最好的。買一串爛葡萄供養不如買二顆漂亮一點的好葡萄；隨便買個紙杯子、紙盤子供養，生命的靈性不高。你能眞心，一切好辦，不在東西是否貴重。

去市場買水果就開始做供養了，你用心挑，就開始供養了。買一顆西瓜錢不夠，不要跟老闆殺價殺到面紅耳赤，那是供養貪嗔痴；檢小一點的就好，九八塊一顆，你給一百塊，不用找，那你又布施又供養。

利用供養具，時時刻刻觀想是否如法供養才叫眞供養，而眞供養就是培養自性善根，自性善根培養了，禪修也容易了。

護持

二十世紀人類開始對於文化、自然遺跡的保護認定了全世界很多地方爲「世界文化遺產」、「國家自然公園」，表示我們這一代對於珍貴的文物保護的重視，這是一件好事，值得保護。

自然、文化如此，闡述眞理、教化衆生的靈性部分更需要保護及支持。所以佛法僧三寶需要衆生的護持，舉凡建寺、印經、轉法輪、齋天、齋僧、傳遞眞理、領導衆人護法都是「護持」。

「護持」是護「佛法僧」三寶。護持三寶所做的一切都是護法。

● 第二章

排除障礙

(一)幽冥苦眾生

習性難改

是時閻羅天子瞻禮世尊,及迴視地藏菩薩,而白佛言:世尊,我觀地藏菩薩在六道中,百千方便而度罪苦眾生,不辭疲倦,是大菩薩有如是不可思議神通之事。然諸眾生獲脫罪報,未久之間,又墮惡道。世尊,是地藏菩薩既有如是不可思議神力,云何眾生而不依止善道,永取解脫?唯願世尊為我解說。

佛告閻羅天子：南閻浮提眾生，其性剛強，難調難伏。是大菩薩，於百千劫，頭頭救拔如是眾生，早令解脫。是罪報人乃至墮大惡趣，菩薩以方便力，拔出根本業緣，而遣悟宿世之事。自是閻浮提眾生結惡習重，旋出旋入，勞斯菩薩久經劫數而作度脫。（《地藏菩薩本願經》〈閻羅王讚歎品第八〉）

城隍爺說：你又來了？習性眞的很難改！大家心理要有數，對於別人的習性也比較能夠包容。

斷習氣難，斷無名煩惱先。透過禪修，可以減少煩惱。

癮

酒癮的人被酒鬼控制，他不喝酒，他被酒喝。毒癮的人被毒鬼控制，毒鬼控制了他。

要能做自己的主人，把鬼請走，否則戒不掉。做自己的主人是能夠管好自己，否則沒有資糧，妄想禪修。

怒

不爽就逼車，被分手就殺對方，這種沒有辦法修行。因爲心不安，那顆「心」被境牽著走，甘願做「奴」隸。

家暴

這種人通常在外面受氣，找不到宣洩口，家人弱勢，一肚子氣就發洩在自己家人身上。有家暴傾向者應該學著壯大自己，在外面受人敬重，回家自然不會帶一瓶瓦斯桶和一個打火機，隨時啓動玉石俱焚的暴力模式。

「人必自重而後人重之，人必自侮而後人侮之。」

你可能學歷不如人，能力不如人，但是人格，是受人尊敬的最重要的要素，態度良好、品格高尙，連鬼都敬你三分。

品格好，在外頭不受氣，回家不生氣。

精神家暴也是家暴

現代雙薪家庭多，工作壓力大，夫妻常常互相指責，這也算是一種家暴。假使夫妻任何一方承受不住，面對小孩子的哭鬧而抓狂，爆怒下打了小孩乃至錯手殺了小孩，一個家庭就這樣造成不可挽回的遺憾。

成家不容易，雙薪家庭夫妻的壓力都很大，大家要體諒，說話要溫暖。

抱怨

很多人很喜歡抱怨。經常抱怨會變成抱怨高手。

抱怨可以發洩壓力，很爽，可是對事情處理沒有幫助。

倒垃圾

抱怨就像倒垃圾，把對象當作垃圾車。偶爾倒倒垃圾、吐吐口水也是情緒的發洩。但是倒垃圾之前請做好垃圾分類，讓垃圾車比較輕鬆處理，否則垃圾車的很倒霉。將資源回收、廚餘做好分類，減量了，垃圾車也比較好處理。

還有，「福神」喜歡聽好聽的話，常常跟在說好話人的身邊，不愛聽抱怨的話，所以愛抱怨的人少福氣。

嗜菸酒

要抽菸喝酒，而不被菸抽、被酒喝。應該享受它而不要被它享受。遇到不如意事馬上拿菸來抽、拿酒來喝的人，是脆弱的人。你能控制它就是主人，不能控制它就是它的奴隸。

吸毒者

對於環境、社會的適應力不足，容易迷惑。嚐試用毒來解決問題的人，是請鬼拿藥單。戒毒是唯一的解脫之道，雖然辛苦，但請加油，戒了就解了，解脫它的束縛，人生才能海闊天空。

吸毒是一項爛投資，血本無歸的那一種，千萬不要嚐試。吸毒者耗費社會太多資源：緝毒要人、勒戒要人、醫院要人、家庭問題大、社會大問題。

毒品對身體的殘害是不可逆的，要包一輩子的尿片嗎？不要吧。

戒色

每一天的社會新聞中男女關係的問題、性的問題占據最多版面。色字頭上一把刀，爭風吃醋容易使人心發狂，引發殺機。

易曰：生生謂之易。動物是通過交媾來繁衍後代的，所以爲了傳宗接代是會拚命的。爭奪食物會引發戰爭，「淫慾氾濫」會引發殺機。告子曰：食、色性也。

既然性是動物的本能，在正常的狀態下的結合是很自然的事，但是還是有一些原則需要依循：

1 勿縱慾。

重質不重量，重量傷元神。多淫傷腎，骨頭不會好，牙齒容易壞。

2 勿糾紛。

惹上不該惹的人，愛上不該愛的人所產生的糾紛，輕則傷財，重則害命。

3 勿雜交。

性愛對象也很重要。俗話說：「近朱則赤；近墨則黑。」何況「進入」身體，男女交媾要慎選對象，對身體髒、磁場亂、對象雜者，與之交合有如進入其臭無比的公共廁所，嚴重損害身體健康與元神之氣，慎之慎之。

4 情相悅。

即便對象身分正確、身體乾淨，也應該在兩情相悅、感受到愛的氛圍下交合，才能達到陰陽協合的美妙境界。不可勉強，任何一方勉強，則傷身也傷心。尤其在對方處於驚恐、脅迫、極度不安的情境下強行苟合，那是強暴，傷的可不只是身心而已。

亂丟垃圾者

丟福氣、丟財、丟臉。

沒有福氣者沒有錢，亂丟垃圾等同丟鈔票，你想清楚了嗎？

玩物喪志者

沉迷於一樣東西與專注在一樣東西是不一樣的。沉迷會墮落，專注會成就，是沉迷還是專注要看對與靈性成長、對眾生是否有利而定。所以沉溺於毒品、賭博、電動都是玩物喪志。

報復心

感情不順，事業不順就殺、就報復者，除非真心悔過，否則無法禪修。

負面人生

酗酒吸毒者，是對自己的否定、失去自信、人生負面。

建議多運動，多曬太陽，自己從地下室爬出來見藍天綠水。

一念瞋心起，百萬障門開。不耐煩、忿怒、不爽都是修行的障礙，要心清涼才好禪修，否則只是懵修。

建議感覺怒氣要出來了，快快念「南無大悲觀世音菩薩」，自然「喉中甘露涓涓潤，口內醍醐滴滴涼」。

邪見

太太有一個朋友是個基督徒，事業失敗了，過了幾年未見起色，於是就埋怨耶穌基督。很多原本信教的人一旦身體壞了、事業敗了，就詆譭耶穌、佛菩薩。

其實你的事業、你的身體是你的，跟祂們有什麼關係？有誰說信耶穌、信佛祖、信老子就可以保佑你事業發達、無災無病？

信不是求、不是交換，沒有說你捐了十萬塊錢，就可以拿到一張「穩賺不賠符」，保證賺更多；或捐一百萬，拿到一面令旗，令百病不侵，無災無病？那是交換！有這種信仰的人知見不正確，一旦遇到逆境就詆譭，注意喔「一念瞋心起，百萬障門開」。修道之路嘎然中斷，非常可惜。有邪見的人，容易投胎到鳥不生蛋、狗不拉屎、沒有文明的邊地喔。

信仰不是交換，要信的是祂的教義，祂的精神，追隨祂會讓你靈性成長，讓你的生命有港灣可以依靠，任何宗教都是。

迷悟

感情有問題看到的都是對方，照見的不是自己。看不到自己的那顆心，當然執迷不悟。當心被情所牽，做心的奴隸，於是怒氣沖天，一發不可收拾。

這種人缺乏自信，要先反觀自己，悟了之後才能談禪修。

求回報

端午節送人一串粽子之後，天天想對方中秋節會送什麼月餅過來！如果對方沒有回送，心情就很不爽，罵人無情無義、不懂知恩圖報。如果對方有回送，看著月餅，跟端午節的粽子比，好像沒有回本，又一肚子氣了！

我們身邊有沒有這樣的朋友？有這種想法的人沒辦法禪修，因爲既種芭蕉又怨芭蕉。送禮物的是自己，怨禮物的也是自己，問題在自己，跟禮物無關。一直想要對方的回報，像馱著重物一直走，從端午馱到中秋，馱了三個月還放不下，好累。如果到中秋節期待落空，另一個「無盡累僕傻」出現。

(二)一陽破九暗

修行者

有一個修行的朋友說：家裡一個修行人，家中不會有大事，縱然出大事，大事能化小，小事能化無。打狗也要看主人，事情要發生了，是重重提起，輕輕放下，還是輕輕舉起，重重的巴下去，要看家中是否有修行人。

如果家裡人人都修行呢？所謂「積善之家必有餘慶，積不善之家必有餘殃。」家裡沒有修行的人，一旦有事，小事容易變大事，大事容易變成不可收拾的事，而且就像餘震，一波未平一波又起。

自己跟家人發生了事，那是果，事出必有因，沒有因碰不到緣，結不成果。不必問神明了，問自己。作業要自己做，老師可以改作業，不能幫你寫；神、鬼、菩薩、佛都不能。

殺業

殺業重的人跟被殺的生命結仇，你殺了祂，他不會痛苦、恐懼、憤恨嗎？

人同此心心同此理，殺越多結的冤仇就更多，所以冤冤會相報，沒完沒了。

殺業重的人最常見的果報是身體不好，身體長了壞東西需要被開刀。欠錢要還，天經地義，你切了多少肉，該挨幾刀？有些人的工作是屠宰業、在市場賣生鮮雞鴨魚蝦等，是爲了生活啊，怎麼辦？

1 常念往生咒超度被殺的畜生。

南無阿彌多婆夜！哆他伽多夜。哆地夜他。阿彌利都婆毗。阿彌利哆，悉耽婆毗。阿彌唎哆毗迦蘭帝！阿彌唎哆，毗迦蘭多；伽彌膩伽伽那，枳多迦利。娑婆訶。《拔一切業障根本得生淨土陀羅尼》（三稱）

2 懺悔業障，懺悔過去現在所做所爲。

3 放生：造林、環保。

4施食。

5轉行。

如何尋找好老師？

應尋找不自稱是什麼如來、什麼佛轉世，不自誇自己有多厲害、不自現神通、不幫人背業果的老師。

所謂：「眞人不露相，露相非眞人。」

天生女人，如果需要不斷聲明你是個女人，那你就不是女人。（柴契爾夫人）

眞正有錢人不會到處張揚自己多有錢的。另外，有修養的人法相莊嚴，如果你有慧眼就看得出來。大眾應該有警覺性，愼選明師。如果你眞發心求智慧自度度人，明師會來找你。

菩提心

發阿耨多羅三藐三菩提心，就是發願成就最棒的正等正覺。發他做什麼？

讓自己覺醒、修行、入禪定、得到般若智慧。

菩提梵文是Budhi，漢傳佛教譯經師很高明，菩提從字義上：菩，立口上邊草字頭，立口就是要發願，草頭是滋長，這個願的滋長便成「願力」；提，日正旁邊提手旁，日正是光明正大、正法，提手旁是要去推動，也就是「行力」；有願有行的發心才是發菩提心，就如陰陽調和，生生不息。

發菩提心者先要有出離心，面對周遭境界，先把「我」抽離，就是要去我執；然後要有大悲心，願拔眾生之苦，這是菩薩道；再者要有空證見，證得空性之後具有般若智慧，所以發菩提心就是有願有行，利己利人，自度度人。

不是去修分身、隔空抓藥的那種神通，那些跟自己的生命靈性的提昇及對社會沒有幫助。如果你要借修神通、顯神通來受萬人愛戴，有很大的名氣、賺大錢，那是你的事。

因果

深信因果，種瓜得瓜，種豆得豆。有些馬上收成，有些久一點，有些更久，看是種了什麼。

因果有馬上報的，有今生報的，有來生報的，也有多生累劫才報的，不要埋怨，有因有果，非常公平。今生所受者並非空穴來風，其來有自啊。

巴人家一下很容易被巴回來，這是立即因果。

沒有後悔藥

不要希望能回到從前，回不去了。往者已矣，來者可追。不要一直掉進後悔的模式。過去的不如意就像一隻死貓，你若一直背在身上，牠的臭味一直跟著你，其臭無比！

應做如是觀：是好是壞攏係天公伯對我們最好的安排，然後跟往事乾杯吧。

在逆境中覺得自己愚蠢、被騙、被如何如何等，心有不甘，走不出來時，應該告訴自己：一切都過去了。

因爲沒有渡不過去的坎，時間是最好的解藥。重要的是在那個過程中你學到了什麼。所以要用智慧來對治，而禪修是通往智慧的一條大道。

反省

自我反省，醒了就好，不必鑽牛角尖，轉啊轉啊轉，轉不出來。

口德口得

人有兩隻耳朵、兩隻眼睛、兩個鼻孔，卻只有一張嘴。這張嘴要吃、要喝、要說，非常忙碌，所以常常忙裡出錯。壞就壞在這張嘴，病從口入，禍從口出，眼睛、耳朵、鼻子、舌頭、身體、意念所感受的全部由嘴巴代爲發言，太忙了。所以常出錯。

能管好自己那張嘴巴的人，就是一個不簡單的人，因此應管好自己嘴巴。其要點：不東家長西家短的道人是非；不口出惡言、怒罵、數落、碎念、誨謗；無憑無據的話不說；妖言惑眾的話不說；還有提昇自己的人品。

因爲言不盡意，有時候表達不當，或者言者無意、聽者有心也會造成誤解。

這個時候人品很重要，有品格的人受人信賴，無心之言大致能獲得諒解。

心海

禪修有功夫了以後，心海不再波濤洶湧，而是波光粼粼。船行駛在海面上，不再滔滔巨浪，而是朗朗晴空。

禪的境界就是讓巨浪變小波浪，境界高者海面平靜無波，小事不會干擾到你。

好死

修行者有一個特色，就是不怕死。人家說貪生則怕死，貪生者，比較怕死，貪什麼呢？貪圖世間名、利、權、情。尤其犯了殺業重者，臨終易受病苦拖磨，不容易走。

不貪不瞋的人聽說能預知時至（知道自己哪個時候走），因爲他的心清淨。另外，發菩提心者不會橫死。

暇滿人身

所謂人身難得，佛法難聞。人因爲有這個色身才能夠方便修行，應該把握，藉著這個身體來修行，讓人身圓滿，稱之爲「暇滿人身」。「暇」是閒暇，不爲時間、空間所壓迫；「滿」是圓滿，沒有缺憾。具有暇滿的身體不會投胎到沒有佛法（眞理）的地方，而且身形具足、沒有缺陷。

「暇」有「八無暇」，滿有「十圓滿」（具足）。

八無暇：

1不在地獄折磨。
2不做惡鬼受苦。
3不做畜生愚痴。
4不在外道修行。
5不生在沒有教化的地方。
6不自恃聰明而生邪見。
7不生在無佛無眞理的時代。
8業障不深，諸根健全。

前四類沒有獲得人身，無時間修行；後四類已獲人身，無機緣修行。

如果你沒在這「八無暇」中，表示你有寶貴的人身，這是基礎，表示你有資格入學，要想學佛（眞理）還得要具足十個條件，就是〈華嚴經淨行品〉裡闡述的「十具足」（圓滿）：

1生處具足（出身）。
2種族具足。

3家具足。

4色具足（外表）。

5相具足（面貌）。

6念具足。

7慧具足。

8行具足。

9無畏具足。

10覺悟具足。

前五是內具足圓滿，後五是外具足圓滿。有了這些條件才能利於修行，欠缺條件者修行的障礙大，要先具備修行的資糧才能入門。

放下

放下要有過程，沒有那麼容易，一般人做不到，禪修可以讓你慢慢放下。一字馬豈是一天練就？台上一分鐘，台下十年功，有禪定功夫者都不是一天兩天的成就，也不是一天打魚十天曬網式的禪修，應持之以恆，日久見功。

肯定不完美的自己，尊重不完美的別人

人有百百款，各有各的性。花草樹木各有各的姿態，沒有絕對的美也沒有絕對的醜。因爲不同，花花世界才美麗，因此懂得欣賞接納包容是行禪者的基本心態。

尊重生命，不害己不害人，不殺衆生。蟑螂會到你家，因爲你創造一個牠們喜歡的環境，牠的生命不高檔，但也犯不到你拿拖鞋去趴，牠只是要一頓飽，罪不至死。

如果你眞怕蟑螂，那就創造一個牠們不想待的環境吧！水管通乾淨、廚餘收拾乾淨。沒有食物的環境牠們就不會來。

不管是行禪、誦經、拜懺，一定要把心帶上，如果無心，喊破喉嚨也無效。沒用心者與放錄音機一樣，效果不大。

● 第三章

正知正見

（一）一般疑問

業能消嗎？

佛有三不能：不能滅定業，不能度無緣人，不能度盡眾生。所以自己的作業要自己寫，老師可以批改，但是不能幫你寫。若是有神有鬼說能幫你消業，肯定是住海邊的，管很大。

怎麼寫自己的作業？面對它，處理它，放下它。是福不是禍，是禍躲不過。最好的處理方式是反省檢討，懺悔業障，萬事善解。

什麼神能信？

能解決你的煩惱的神，不用利益交換的神。
不迷惑你、不恐懼你、不損惱你的神。

神與鬼

神是陽，鬼是陰，陽大陰小，所以神的身大幾丈（大小看神格與所處天的高低，天界越高神尊越大），鬼身小三呎，所以稱小鬼。小鬼難纏是因為心術不正，躲在暗處，暗箭難防。

神的神威顯赫是因為光明正大。邪不勝正，陽光一照射，陰暗就不見，所以鬼要跟神鬥，只能躲在陰暗處。

在人間，小人像小鬼，給你放冷槍。所以說小鬼難纏，遇到小人該怎麼辦？去找大師嗎？非也，該找自己，經過禪修，培養智慧，解決問題。

遇到事要問神嗎？

遇到事情，什麼都要問，那是心中迷惑。是福不是禍，是禍躲不過。福是你積善來的，禍是你自召的。所謂禍福無門，唯人自召。遇到人也好，鬼神也好，要你平日行善積德、做事認眞負責就是好的答案，否則就是壞的答案。

神尊是示現他的德性讓我們學習的，所以關公希望大家都能成爲跟祂一樣性德的恩主公，忠孝節義。如果三不五時的起乩問事，神明也很累。

有沒有地獄？

有，自己召感來的。不做惡業，地獄與你無緣。無間地獄（阿鼻地獄）是最下層地獄，時間很長、空間很窄。

閻羅王是地下判官，祂也是你的業力感召而來。是非善惡清楚明白，不跟你五四三。

鬼壓床

身體太虛、言不由衷、慾望太多、六神無主的人，容易被鬼壓床。那怎麼處理呢？

邪不勝正，心中有正氣，不做虧心事自然沒事。把身體鍛鍊好，多曬太陽，心存正念，多做布施，鬼自然離開。

爲何你家的蟑螂那麼多呢？那是你招來的，排水口、廚房太多好東西，牠們愛死了，自然「呷好道相報」。家裡乾淨，沒有蟑螂愛的食物、沒有牠們愛待的環境，蟑螂自然鼻子摸摸，自然遠離。

蟑螂是你招來的，鬼也是。

收驚要找宮廟處理嗎？

道教有畫符及咒語可以針對受驚者收驚，如果有這方面的問題，可以找正派的宮廟，如台北的恩主公，不用花錢。

要花錢的應該謹慎小心。要花很多錢或者很多次錢的宜謝絕。要檢查身體的或「子宮頸」治療的，千萬不可。

生病要問神嗎？

生病要看醫生，業障要自己排除，修行、懺悔，不必問神。

神明會打架嗎？

會。叫「鬥法」。神明多在欲界天，還有欲望，道行比人高，但還是有不爽的時候。

改信神怎麼辦？

江湖在走，禮數要有。至少要去稟報一下，順便備點牲禮香紙錢等，謝謝祂長年的庇佑。如果有發願而不能還願，也要上稟神尊，執筊取得神尊的理解。

如果信的是陰的鬼，江湖道義一樣做，但是不能肯定祂們要不要放你走。如果不依，你可以請地藏王菩薩做主，誠心的在祂們面前「至誠」誦《地藏經》或手抄《地藏經》，並迴向功德給祂們，至少七部。

七部以後再執筊請示，若是不依，繼續誦經，每誦一部請菩薩加持，功德迴向，再執筊請示，直到聖筊爲止。相信你有誠心，地藏王會給你加持，地藏王菩薩的威神力，是統制各大鬼王的，請祂出馬，必能善解。

改信教若不違背天理良心、佛德佛行，應該被肯定。把信徒當自己下線、會員，那是小神小鬼。

有沒有無形的？

有的。

物理界有磁波、光波、電波、聲波……自然界空氣、風、溫度……靈性有感情、感覺、愛、溫暖、希望、願望、內涵、知識、思考……六道有神、鬼、地獄……不要說無形的就不信，它確實存在。

被無形干擾怎麼辦？

誦經、持咒、迴向、沐浴、齋戒、禮拜、曬太陽、多運動、多流汗。

一時無法處理的問題呢？

時間跟空間是最好的良藥，治癒心裡的苦痛，要快一點的話可以移轉興趣、轉移焦點。

有效率的方法是拜懺，懺悔是一個好辦法，每天一零八拜，拜完迴向給你的冤仇人，效果好，沒有副作用。

陽宅要不要信？

陽宅跟身體一樣，依陰陽五行論，五行有缺，缺什麼就補什麼。

陽宅就講風水，風生水起，要通風、要水脈（以前的人沒有自來水）。

陽宅要住起來舒服自在、闔家平安最重要。

（二）宮廟疑問

陣頭

陣頭文化屬於一般的民間信仰，不見得是道教，供奉的神尊五花八門，大致是歷史人物，死後具有神格，或者是傳說中的神話人物，如封神榜等。

陣頭依附在宮廟中，由宮廟執事人員或宮廟管理者領導組成，常裝扮成各種神鬼人物及其護法，如三太子、八家將、龍獅鼓陣等，平常組織練習，有活動時出來表演，增加熱鬧之虞，也有教化功能，但跟禪修沒有直接關係。

靈動

神鬼無形，要依附人的身體來顯現，有所謂「敏感體質」的人容易借自己的身體替神尊「辦事」。常見的有桌頭、乩童……等，做神尊的色身代言人，如濟公、三太子、關聖帝君、千歲爺。表現在外的各種動作一般稱為靈動，這個靈是神尊的靈。天靈靈地靈靈，都是神鬼的靈，所顯現出來的「神力」都是神鬼的，與自己的靈沒有太大的相關。自己的靈性提升比較重要，自己的事自己修，所以要禪修。

一般我們見到的「靈動」有身、心、炁、靈四種動：身動是故意的動；心動是作意的動；炁動是自己氣脈動；靈動是被借軀殼動。

通靈

通靈是調閱資料。

不管用神足、他心、天眼、天耳、宿命通……有其中的一通都可以接受他界訊息，通靈者大都與生俱來的，有接受不同空間的頻率的本事。這種本事雖然說是與生俱來，倒不如說是多生累劫的修行而得。坊間說是帶天命，能夠調閱資料，幫人解惑，但不能以此作為斂財的工具，否則功力會消失，也就是枉費那麼長久的修行。因為貪念而毀於一旦，非常划不來。

這些人來到世間也是要繼續修行的，一定要找到正法精進，不能起貪念而不聞、不思、不修。

所以有點功夫的人當懷慈悲心，救度衆生，不爲滿足自己的慾望而聚財，貪圖享受，否則就是墮落，地獄無門自己買票進去。

有些人並無神通，是後生學得的。山、醫、命、卜、相，替衆生解惑者，即便高明，亦應心懷慈悲，以蒼生爲念，切不可爲自己貪圖名利，否則業果自己負責。所謂：嗜欲深者天機淺，嗜欲淺者天機深。

有功夫者當如是，何況沒有功夫的江湖術士，招搖撞騙，純爲一己私利的人，那業果是很嚴重的。如果你是，勸你回頭。

而我們找誰問事呢？

請找不貪圖享受、稟性純樸、不自是、不浮誇，老實的修行人。

有神通的人來人間不是享受福報的，是要靠「行菩薩道」來成就法身慧命的。

而一般人呢？最好是靠自己禪修證得智慧，不必靠通靈。

通靈你和我

通靈者是通靈者，你是你，通靈者不會讓你也變成通靈者，但禪修者會讓你變成成就者。找通靈者，你不大會感到幸福，禪修可以讓自己感覺到幸福。

用功越多，功夫越好，幸福的感覺越眞實。

通靈者

與乩童不一樣，乩童是神尊借人身起作用，通靈者是靠自己的靈在溝通。因爲多生累劫的修行，加上後天的訓練，就可以直接接收到某些頻率，就好像收音機靠聲波，可以接收一般人接收不到的頻率來幫人辦事。

也有一些江湖術士，利用假神通、炫技，迷惑衆生，乃至騙財騙色，實不可取。

條件交換

狐仙是仙，屬於道教的仙，是有修練功夫的狐狸精，說是可以讓女子招桃花，所以特種行業上班的女子常光顧，期待生意比較好。

四面佛並不是佛，是印度教的天神，在大梵天，在泰國很普遍，拜拜求財求平安。

拜這些是用求的，發願然後要還願。這種條件交換式的拜拜，並不能讓自己解脫自在。

如果遇到心術不正的狐仙、四面佛，那是鬼不是仙。遇到是仙還是鬼，主要的是看你，你的心不正，所求的全是利己不利人者，找到的是鬼，鬼也會找你。

求神拜佛跟禪修不同，禪修要靠自己努力，一分耕耘一分收穫，禪修自己會進步，靈性會提升。

神階較低者較容易跟信衆交換條件，如財神爺、萬應爺、太子爺、石頭公，及前文談到的狐仙、四面佛等。

報明牌大概要找陰廟。大咖的神明不會管這種事，除非祂自甘墮落。

神階越高的神明越不會條件交換，佛菩薩根本不談條件的，因爲祂們位階高，統管範圍大，你拿千億財富給祂對祂們來說都是小小沙粒一顆，不可能談條件的。

如果江湖上有自稱佛、菩薩，對信眾要求什麼條件的話，奉勸各位敬而遠之，諸佛菩薩慈悲，他們願眾生解脫自在。

真善美

宮廟眾神明不管是歷史上的眞人轉神格抑或是傳說中的人物，都是讓人敬仰（如媽祖、文武財神）的或敬畏（如城隍爺）的，而一般人做善事幾乎都祈望事業順利、闔家平安、身體健康。

這是人間善法，做善事的人是世間「善人」，人間善人享受人間福報，但不能解脫煩惱，擺脫輪迴。

禪修者要透過修行，自利以後利他，自修是自我要求，自我精進；利他是透過自修以後做利他的事，利己利人都是自然而然，見自己、見他人、見眾生都是那麼美好，這是美的境界。

尊從神的旨意的是「善」人，進入禪修精進而有成的是「美」人，境界不同。

而不管是「善」還是「美」，基本上都要具備「眞」的本質。

神鬼的一畝田

心田，每個人心裡一畝田，用它來種什麼呢？

田往下紮根就是甲，往上成長就是由，上下通就是申，無形的上下通就是神。田下面分岔盤根錯節，上面也沒有往上延伸，而是旁門左道，那是鬼。神與鬼都由心「田」生起，心田正成神，心田不正成鬼。

所以土地公雖然管陰的，冠上一個福德正神，代表他的神格。神有神通，鬼有鬼通，都有功夫，但是道不同不相為謀。你走你的陽關道，我過我的獨木橋，敬鬼神而遠之，要尊敬祂們，但不要每日於神鬼交鋒，會起肖。

鬼道一天，人間一月；天道一天，人間百年

快樂的日子過了總是那麼快，這是形容在天道的日子很快樂，而在三惡道衆生日子難熬，度日如年。所以民間在農曆月初二、十六拜拜，因爲聽說鬼道一天人間一月，一個月拜兩次等於請餓鬼吃飯，一天早晚兩餐。

時間與空間的概念，它的長短、大小其實不在量尺，在你自己的心。

神通

神通本自具有，修行到家了自然就會有，牛魔王、蜘蛛精、白骨精也有道行，修的是魔業。

邪魔是外道，外道不能出三界、了生死，祂們的煩惱沒斷過，還是輪迴。心不正，口德差，神通沒用，唬爛人而已，對衆生無益。

有人去求神通，然後花了好多錢請師父開天眼，天眼一開不得了，人家穿什麼顏色的內褲，都看得到。開始很興奮，後來很無聊，知道人家穿什麼顏色的內褲有什麼意思呢？

於是他又回去找師父，師父說：我負責給你開天眼，但不負責關天眼！我還沒學到！搞到後來請會關天眼的師父，花了更多得錢。用求的神通是奇淫技巧，不能利己利人。

的確，我們一輩子常常在做這種事，美食當前，禁不起口腹之慾，花了很多錢享受美食，吃到體重太超過，於是花更多錢去抽脂減肥……這種是錯誤的模式，花了錢做錯誤的事，然後又花更多錢去除錯誤。

唉呀世間人！慾望作祟。

神職人員

佛教稱爲法師、和尚、尼姑；道教稱爲道士、法師、師公；宮廟稱爲廟公；基督稱爲牧師；天主稱爲神父、修女。

其中佛教與天主教的神職人員不能結婚，道士、牧師也有戒律，但沒有那麼的嚴格，廟公看個人。

每一種宗教都是勸人爲善，不要做壞事，而且經常做利益衆生的事業，如弘法、布道、慈善事業、急難救助，因此宗教對於社會提供了一個安定的力量。

另一方面，也有偷雞摸狗之輩，假借宗教之名，行欺騙之實，有的斂財、有的騙色，實在很不應該。

民間信仰

民間信仰的宮廟有如百貨公司專櫃，提供各式各樣的需求，求發財的有文武財神，求功名的有文昌帝君，求感情的有月下老人，求健康的有保生大帝，求平安的有天上聖母。還有求明牌的石頭公，也有將佛教的佛祖、觀世音菩薩、地藏王菩薩請進來的。大都在市集的附近，方便民眾的祈願，而且進出方便，不用登記，不必推薦，買了一百元的金紙餅乾香就可以從天公、恩主公拜到土地公。ＣＰ值很高，這種方便性，滿足大部分人的需求。

於是各地的廟口大致就是當地的聚會中心。有些宮廟也兼起乩問事，爲信衆排除困難。另外，宮廟內部陰暗的調性，也增添了神祕的色彩。

但是有些人覺得：爲什麼對木頭人偶膜拜，太愚蠢了；乩童、桌頭起乩問事的方式不能苟同；廟內太陰暗；燒香把神尊木偶薰得烏漆墨黑；燃燒金紙很可笑；用三牲食物拜拜，神明沒有吃；乩身用刀棍劈自己，用針穿自己身體等驅邪太怪力亂神。

等等這些理由，對傳統民間信仰無法認同者，因而就去接觸其它宗教，作爲心靈的依靠，如基督教，大多是知識分子。

的確，宮廟像便利商店，它提供方便的心靈慰藉，而且可以抽籤，籤詩有解答。問題的重點是宮廟沒有經典爲依歸，信衆難以提升精神層次。

這是歷史使然，因爲先民來台開創，白丁多，能夠保佑平安就謝天謝地了，關鍵字是「求、保佑」，教化人民也很簡單，就以「忠孝節義」來教化信衆。這是台灣的宮廟信仰，台灣宮廟數量頗多，而信衆也有老化的問題，今後宮廟及陣頭的維持，是未來的挑戰。

各行各業供奉神明無非以先人或傳說人物在某些特別的技藝有獨到之處，所以請來奉祀，根據維基百科「台灣民間信仰」依照業別，祀奉神明如下：

醫藥業：藥師佛、神農大帝、保生大帝、孫天醫眞人、扁鵲仙師、華佗仙師、李時珍、六房天上聖母等。

婦產科醫界：藥師如來、觀世音菩薩、地藏菩薩、註生娘娘、臨水夫人、天上聖母、織女娘娘、張仙等。

軍人、憲兵：九天玄女、關聖帝君、玄天上帝、毗沙門天王、諸葛武侯、岳武穆王等。

警察：關聖帝君、玄天上帝、土地神、五營神將等。

消防隊：火德星君、水德星君、火神、玄天上帝、關聖帝君等。

教師、公務員：文殊菩薩、五文昌尊神、文昌帝君、魁星星君、至聖先師、倉頡先師等。

司法官、檢、調、安：地藏菩薩、包公、城隍爺、青山王、王爺神等。

農業：地母娘娘、神農大帝、后稷大帝、福德正神、六房天上聖母等。

茶業：陸羽仙師、雙忠公、清水祖師、法主眞君等。
漁業：天上聖母、玄天上帝、水仙尊王、懿德夫人等。
肉品業、屠宰業：玄天上帝、張飛將軍、樊噲將軍等。
畜牧業：廣澤尊王等。
園藝業：百花仙子等。
鹽業：太陽星君等。
礦業界：正陽眞人、孚佑帝君、火德星君、當地的山神、土地神等。
建築、木工界：巧聖先師、荷葉仙師等。
拆除工程業：孟姜女等。
機械、鐵工界：太上老君、尉遲恭將軍、李鐵拐眞人等。
紡織業：織女娘娘、嫘祖等。
布業、染織業：葛洪等。
陶瓷業：女媧娘娘、樊仙、孫臏等。
紙業、金紙業：蔡倫仙師等。

傘業：女媧娘娘、多聞天王等。
鞋業：孫臏、達摩祖師等。
線香業：九天玄女等。
商業：彌勒佛、財神爺、福德正神、關聖帝君、六房天上聖母等。
銀行業、證券商、當鋪：彌勒佛、財神爺、福德正神等。
酒業：杜康仙師、李太白仙師、濟公禪師等。
餐飲業、廚師業：灶君等。
糕餅業、麵包業：灶君、諸葛武侯等。
豆腐業、豆漿業：淮南尊王等。
檳榔業：韓愈仙師等。
理髮業：孚佑帝君等。
戲曲界、演藝界：華光大帝、田都元帥、西秦王爺、孟郎君等。
航空業：中壇元帥、九天玄女等。
航海業、船員：天上聖母、玄天上帝、臨水夫人、水部尚書、懿德夫人、海晏公等。
貨運、宅配業：中壇元帥、九天玄女、彌勒佛等。
溫泉業：不動明王。
銀樓、珠寶業：財神、關聖帝君、福德正神等。
徵信業：佛祖等。
通訊業：千里眼、順風耳等。
婚姻媒妁業：月老、女媧娘娘等。
房仲業、搬家公司：孟母等。
房地產業：土地公、地母娘娘等。
自行車、客運業、司機：中壇元帥等。
保全業：門神、土地神、五營神將等。
殯葬業：地藏王菩薩、城隍爺等。
道士：三清道祖、法主眞君、臨水夫人、感天大帝、太上老君、張天師、普庵禪師等。

算命業：諸葛武侯、鬼谷子仙師、八卦祖師、袁天罡眞人、管公明仙師、朱建平仙師、劉伯溫仙師、陳摶仙師等。

堪輿業：八卦祖師、鬼谷子仙師、嚴君疾仙師、賴布衣仙師、劉伯溫仙師。

娼妓、酒店業：管仲仙師、白眉神仙師、豬八戒仙師等。

賭業：韓信仙師等。

黑道：關聖帝君等。

乞丐：伍子胥大夫、李鐵拐眞人等。

分類：

海神：天上聖母（媽祖廟）、玄天上帝（北帝廟）。

佛菩薩：釋迦牟尼佛、觀世音菩薩、地藏王菩薩等。

王爺千歲：代天巡狩、五府千歲。

恩主公：關聖帝君、岳武穆、呂純陽。

陰廟：萬應公、大衆爺、水流公、義民廟、十八王公。
大自然：石頭公、樹王公、茄苳公。
其它：開漳聖王、瘟神、高僧、宗教聖人等。

民間信仰五花八門，琳瑯滿目，這些神尊不一定有經過資格考試，有人拜、有靈驗，就變成約定俗成的神祇。所以民間信仰衆神明的神格參差不齊，有些甚至沒有神格，反正「有拜有保庇」。

以關公與媽祖而言：拜關聖帝君屬於什麼教？

關公原是三國時代的人，民間造神人物，因爲祂的忠義精神可爲人民表率，頗受歷代統治者的青睞，因此一直加碼冊封。佛教見關羽的忠肝義膽，所以收納爲伽藍護法。因爲道教也納入爲關聖帝君，既是道教神尊也是佛教護法。聽說被佛菩薩感化，精進修行，具有菩薩以上的果位。

媽祖是什麼神格？

媽祖稱爲天上聖母，這個封號是歷代皇帝所冊封，原本是宋朝人，死後升天，屬於天道的神祇。因爲出現多次神蹟，因此中國南方沿海地帶非常興旺，甚至以廟名爲地名，如馬祖列島與媽閣（澳門Macao）。

關公與媽祖都是正神，神格高尚，應在法界，有菩薩的位階，因爲慈悲，自願在忉利天上，與玉皇大帝、耶穌基督、阿拉眞神同階，與衆生有緣。可以滿衆生願，教化衆生諸惡莫作，衆善奉行。

虔誠的信衆可以得到世間福報，教的是世間善法，因非佛法，信衆還是會衝突打架。

而禪修是修解脫道，解脫煩惱。是修理自己，不修理別人。

宮廟的乩童

起乩、扶鸞是民間信仰的特色。有些人進入宮廟就會呃呃的反應，屬於「敏感體質」，容易讓神鬼附體，產生靈動，人稱「帶天命的」、「乩童」、專門借軀殼給神鬼辦事。因爲神鬼無軀殼，要依附載體才能示現。

乩童一般的出身並不好，被神鬼欽點的原因依照神鬼的喜好而有差異，大致而言，乩童是屬於靈空、靈虛的體質，因爲空，容易被附體。大部分乩童都不是自願的。

神鬼會借人身產生靈動，而做出一些超現實的行爲，如大針穿臉頰、鯊魚劍、月斧、七星劍與狼牙棒砍背、刺球敲頭砸身等，被神鬼附體的乩童，在儀式完成之後竟然奇妙的癒合，因此神鬼達到「神威顯赫」的嚇阻作用，讓一般民衆對神鬼起敬畏之心。

此外，乩童並不能因此有了傲慢心，自以爲了不起，因爲有法力的是神鬼，乩童只是被借身體辦事而已。辦完事、退了駕，神尊依然是神尊，乩童還是乩童。

乩童靈動是真靈動還是假靈動呢?

眞眞假假，假假眞眞。是眞的呀！但是有些是裝出來的、有些是演出來的、有些是人來瘋，觀眾越多越瘋狂的。

乩身切勿藉著神力，認爲有神在靠，就對自己的身體不愛護……養成嚼檳榔、抽菸、酗酒乃至吸毒等等不良習慣，這樣神鬼也救不了你。

還有騙子，根本沒有神靈附體而假借神靈附體，來謀取自己利益者、蠱惑大眾者、騙財騙色者，其罪業深重，可能墮落阿鼻地獄，千劫萬劫，無有出期。

神尊代言人

有些人樂於做神尊的代言人，樂於當神尊的附身，所以手執法器有模有樣，是神尊附身還是表演，界線有點模糊。

吸香爐煙接收訊息還是刺激交感神經?那些爐香是專給乩童吸的嗎?還是大家都可以吸，吸了以後馬上接收靈界的訊息，好像連上Wifi一般，這是什麼原理呢？

最近出現了一些貌美的乩童，雖持法器，也有砍背的動作，但不走血腥震懾風，而是動作優雅風，給傳統宮廟注入一股新的氣象。

現代男女平等，女性乩童的出現，突破過去只有男性乩童的傳統印象，未來說不定會走出一條不一樣的宮廟文化。

但這一些跟你的禪修也沒有關係。

神尊也要進修

天人（天道神尊）是依照在天界的高低定神格，基本上眾神明都在欲界天，欲界天還要往上精進才能到色界天、無色界天，乃至出三界，證得果位。

若是憑藉自己的神通不思上進，神也是會降格的。聽過墮落的天使嗎？

因此天人（神尊）也要再進修。應該多宣揚正氣與善念，多聽經聞法、精進修法。

神都要進修了，何況是鬼，何況是人。

靈動與禪修有關係嗎？

靈動跟禪修沒關係，靈動是神的靈假借人身而動。

欲修禪者跑到宮廟去想做乩身，是沒辦法禪修的，因爲神鬼選特定的人附身，你自願要去讓神附靈，恐怕祂們也不要你。因爲你沒那個因、沒那個緣，自然沒那個果，祂不會找你。

除非你很堅定，而且也具備特殊體質的條件要做祂的乩身，那你就種下新的種子，跟祂結緣，祂收你爲弟子。

但是即便祂要你，你去只是被「借殼」的載體，跟修行沒有關係。因爲神尊不會講話、不會動，要依附人身來辦事。被借殼的是肉身，跟法身（修行）無關。

當然，你本身是乩童，本來沒有修行，被神靈附體爲信衆辦事之後，本人的道行並不會增加。唯有自己發願修行，除十惡業、修十善業，依照禪修要領精進，日久才能見眞功夫。

很多小神小鬼只比你多一點靈而已，可以跟祂們談條件，所以信衆常去廟裡神鬼交鋒，交換條件，簽明牌。

佛菩薩不是談條件的，因為他們統領各洲，區區百千萬億世間財富無法賄賂祂。

擲筊

民間信仰在各地公廟裡一定有擲筊，形狀像半月型，兩個一組，平面為陰，弧面為陽，兩個都是平面為孤陰，孤陰不生，稱為笑杯；兩個都是弧面為孤陽，孤陽不長，稱為作杯。一個陰，一個陽，陰陽和合為聖杯，聖杯表示神明應允。執筊常配合抽籤詩，籤詩或許能夠解答你的問題，但這跟修行無關。

通靈

通靈者又稱靈媒，能接收祂界的訊息，有些神界，有的是鬼界。

通靈的人也是具有靈異體質，感應力強，大多是與生俱來，少部分因事故從鬼門關走一遭回來之後才有。

通靈者在古今中外都有，吉普賽人常用水晶當媒介幫人問事。古代巫師幫人解惑，地位崇高。

通靈者一般只能看過去，不能預測未來。對啊，演過的電影是有劇情的，未來的電影演啥誰知道！但是知古鑑今，知往察來，未來是可「預測」的，預測準確，我們說是「神」準。但是世上騙子多，找通靈者宜小心謹慎。所謂：一葉知秋。一片葉子掉下來了就知道秋天來了。易曰：履霜堅冰至。踩到了霜，就知道下雪結冰是必然。這是感知能力，神尊有、靈媒有，透過禪修你也會有。

如果通靈者茹素齋戒、妻賢子孝、家庭和樂、眷屬圓滿者有事大致可以請教。

道教

道的字義是一陰一陽和合爲一，自然的運轉就是道。道主要講陰陽協調。

易曰：无極生太極，太極生兩儀（陰陽），兩儀生四象，四象生八卦，八卦定吉凶，吉凶生大業。

道法自然：人法天，天法道，道法自然。一切以自然爲依歸。所以以奉老子爲太上老君。

道家崇尙無爲而治。所以長老爲三清道人，玉清原始天尊、太清道德天尊（太上老君）、上清靈寶天尊。爲什麼是三尊，因爲一生二，二生三，三生萬物。三清長老都已經出三界，位階與佛菩薩齊。

炁：道家有一套炁功，主要是循著自然的法則，吸收天地日月之眞炁，自丹田鍛鍊，也稱煉丹。強調成仙、長生不老及炁功。

法力：登刀梯、符籙、炁功等。

經典：道德經、陰符經、參同契，太上感應篇等。

學說：仙、鬼、妖、閻羅地府之說。

一貫道

一貫道名稱有包含了「道」並以宣揚儒、釋、道、耶、回五教合一的教義結合。中心思想以「理天法」取代道教的「氣天法」，且不再煉丹，完全趨向儒教化。一貫道的中心主神是「明明上帝」，宣教場地稱爲「佛堂」，因此本質上與正統道教有很大不同。

一貫道在台灣是合法宗教，一貫道的道友皆茹素，台灣素食店多爲一貫道道友所開，對素食文化的推動貢獻很大。

一貫道把各宗教吸納在一起，顯示它的包容性，因爲沒有屬於自己的教內經典，是爲可惜之處。

一貫道在中國大陸不被認定爲合法宗教，轉爲地下活動。

(三)淺說六道

六道輪迴

中國古代沒有輪迴觀念，古人認爲人死爲鬼，父母祖先過世以後，全部變鬼，鬼一直累積，只會增加，沒有減少，所以對鬼又敬又畏，因此祭祖是必要又隆重，於是用大牲來祭拜祖先，以示尊重。

雖然祭祖很隆重，但這樣有兩個問題，一是鬼一直在增加，二是殺生來祭祀祖先，祖先也造業。

佛教的六道輪迴，比較能解釋「生態」平衡的狀態，人可能投胎到任何一道，任何一道也可能投胎爲人。後來道教也把六道輪迴的概念引進來，變成大家的共識。

對於祭拜，道教還是會用葷食，原因是祖先在生時也不吃素，所以用葷食。可是葷食要殺生，殺生會讓祖先不得安寧，因爲畜生也有生命，牠們面臨死亡也會恐懼。於是含冤而終，逮到機會報復，結果掉入冤冤相報的無盡輪迴，你害我，我害你。

這是佛教與道教的差別，佛教有齋天、大蒙山施食，祭祀的是全素，讓天人鬼衆都能吃飽，而不犯殺業。道教比較貼近世間人情，佛教是根本解決之道。

要跟衆生「萬事善解」，才是一個圓融的世間，不宜殺這個來做人情給那個。

六道是天道、阿修羅道、人道三個所謂三善道，及畜生道、餓鬼道、地獄道所謂的三惡道合稱六道。

輪迴的意思是走了又來，來了又走。只不過不一定在同一道輪迴，業「積」善的就往上提升，業「積」惡的就向下沉淪。「物有終始」一個生命的結束是另外一個開始，會輪迴的。

但是今生爲人不一定下輩子爲人，看你這輩子做了什麼，自己的「阿賴耶識晶片」儲存一生所做一切善惡，這些善惡事決定來生到哪裡去。即便來生為人，也有貧富貴賤、相好端正或諸根不具之別。

要注意的是「一切善惡」跟有沒有人知道沒關係，有就有，沒有就沒有。所以來生還是不是人就不一定了，你的父母親友還會不會再相見也不一定，如果有緣一定會再見的。即便不同道，善緣變成一隻狗做你的寵物，惡緣變成一隻毒蛇咬你，有緣則像聶小倩與寧采臣，縱然人鬼殊途，還是會再見的。

善業超多可能越界直接變神（天道），惡業太多的直接下地獄。多久呢？看你造的業，每個人情況不同。

細菌黴菌是低等又微小的生物，屬於畜生道，而且是下等的畜生，要多生累劫才能成為螻蟻之類的小蟲。猩猩、貓狗與人類親近，容易轉世為人。殺大象獅子犀牛等大型動物所造惡業僅次於殺人，所以獵殺者罪業深重。殺蟑螂螞蟻所犯罪業相對較輕，並非無罪，殺生者將來會患小毛病的果報。

六道加上聲聞、緣覺、菩薩、佛合稱十方法界。十方法界依成就高低依次爲：

1佛：世間、出世間究竟圓滿，能夠利益一切衆生。無始劫來十方法界有千萬億佛，我們這個世間只出現過一尊佛，即釋迦牟尼佛。

2菩薩：稱「覺有情」，覺悟者，有些已經成佛，自願下來娑婆世界度化衆生，所以跟我們有緣。如觀世音菩薩、地藏王菩薩、文殊菩薩、普賢菩薩等。

3辟支佛：辟支佛並不是佛，又稱緣覺、獨覺。佛陀在世時聞佛所說十二因緣法而成道者成爲「緣覺」，佛陀不在世時因累世善根悟道無常、苦空、無我證得果位者成爲「獨覺」。

4聲聞：又稱羅漢，修習「四聖諦」，即苦集滅道而證得果位者成爲「聲聞」。

以上四個果位皆已出三界，稱爲「四聖」，不再六道輪迴、流浪生死。

5天界：因修十善業而生天上，享受人天福報，所謂「富貴求道難」，所以難以修行，福報用盡，壽終五衰相現，一直輪迴於六道中。

6 人道：受持五戒得以爲人（五戒：殺、盜、淫、妄、酒），持戒良窳決定人的出身，貧富、壽夭、美醜、高矮、智愚、諸根是否具足。

7 阿修羅：修下品十善業，有福報，但瞋恚心、好勝、嫉妒、傲慢，有天人之福，無天人之德，故難以修行。

8 畜生：十惡業重，愚痴、懶散、飲酒過度者投生此道。

9 餓鬼：慳貪無度，不知布施、不明因果、不守戒律、多造惡業者投生此道。

10 地獄：造五逆、十惡、瞋心重且作惡多端、謗法破戒者當投生此界。

六道眾生又稱「六凡」，凡者凡夫也，《了凡四訓》的作者袁了凡本名並非袁了凡，他的志向是不在六凡而入四聖，所謂超凡入聖。

六道在哪一道輪迴基本上是看你的「十善業」、「十惡業」。善者清（輕）也，生命往上成長；惡者重也，生命往下沉淪。業越重越下沉，會掉到地獄，乃至阿鼻地獄、無間地獄。

如果要出三界，入四聖、證果位者則要修行。只修十善業而沒有修行者，不會解脫。

神尊的高度

神尊都在天道，俗話說：天外有天。都是在形容天道高深莫測。

佛教的天道有三界的概念，依序爲欲界天、色界天、無色界天。你會說：那麼多重天，怎麼認識，認識又有何用？

的確，比如告訴五十年前的人，有個電話叫手機，除了打電話以外還可以收簡訊、上網搜尋資料，寫信馬上就傳送到，還有電子地圖馬上就可以看到全世界的任何角落，開車出門會告訴你怎麼走？哪裡塞車，跟朋友聯絡不管寫信、打電話到世界各地都不用錢，還可以看電影、聽音樂、消費不必帶錢……這些功能敘述百分不及一，你會相信嗎？

三界天道也是如此，當你禪修，這些天都有機會待過。你不用特別去記它，時間一到，馬上示現。

天道是天人（又稱天神）又分欲界天、色界天及無色界天。大部分的民間神尊都在下層的欲界天上。

欲界天：（尚有淫欲、食慾）

欲界天有六層，最下層是統攝天龍八部的四天王天。第二層是忉利天（又稱三十三天，東西南北各八天，中間一天共三十三天），忉利天與衆生最有緣，佛多次在忉利天爲衆生說法。第三層以上依序爲夜魔天、兜率天、化樂天、他化自在天。

這六天的天人還有物質的貪慾、男女的淫欲，所以稱爲欲界天。衆神大多住於此，因此廟會用牲禮祭拜神明、跳鋼管舞謝神、掛金牌等廟會活動就能夠理解，因爲神明喜歡。

須彌山頂有三十三天統稱忉利天（欲界）仍屬地居天，依地（心地、妄想）而立。相傳彌勒佛在兜率天上。關公媽祖在忉利三十三天，玉皇大帝是忉利天王。

色界天：（無欲、但還有色身）

欲界天之上稱爲色界天，色界天有十八層，因無欲故容易修禪定，又稱四禪天，分初禪三天、二禪三天、三禪三天、四禪九天共十八天。

初禪三天：梵衆天、梵輔天、大梵天（梵是清淨的意思）。

二禪三天：少光天、無量光天、光音天。

（此天清淨心中，粗漏已伏，定心細微，無尋伺心所，但有喜樂。）

三禪三天：少淨天、無量淨天、遍淨天。（此天安穩心中，歡喜畢具，此天禪定深妙，身心喜樂，故又名定生喜樂地。）

四禪九天：無雲天、福生天、廣果天、無想天、無煩天、無熱天、善見天、善現天、色究竟天。

（此天五識具無，無有喜受，僅有捨受與意識相應。）

無色界天：（無色身）

有四天：空無邊處、識無邊處、無所有處及非想非非想處天。

這些天共有二十八，分三界，衆神多在忉利天，因爲有淫欲與食欲，跟凡人相近，因神通廣大，也是代天看管，可以爲人排除困難，但不能使人斷煩惱。

因爲淫欲未斷，還在六道輪迴，透過修行可以出三界，若是墮落，則下凡爲人乃至三惡道。

所以神尊的發願可以下生人間，用不同的方式度人，反而更早能登佛道入法界；不知上進的神尊也可能會下生人間，乃至墮落到畜生、餓鬼、地獄三惡道，神尊們不可不慎。

若有人自稱是某某神尊下凡，大致是膨風的，不要輕信。倘若眞神下凡來，在人間行走大聲嚷嚷的，那肯定是墮落的天使。從天界墮落到人間，有什麼好自誇的？如果繼續墮落，恐怕下去三惡道，看到這種人最好離他遠一點。

眞人不露相，露相非眞人，何況是神。

阿修羅道：

阿修羅（梵語：असुर，Asura；巴利語：असुर，Asura），亦譯爲阿須羅、阿索羅、阿蘇羅、阿素落、阿須倫、阿須輪，簡稱修羅，有漢字詞組「修羅場」等。漢地直譯有非天、非酒、無端正等錯誤說法，意思是福報似天而非天之義，會喝酒、長相秀氣俊美行天施惡道。在佛教中是六道之一，是欲界的大力神或是半神半人的大力神。阿修羅易怒好鬥，驍勇善戰，曾多次與忉利天神惡戰，但少部分阿修羅也信奉佛法，是佛教護法神天龍八部之一。

《楞嚴經》卷九記載，阿修羅分布於鬼、畜、人、天四趣，有胎、卵、濕、化四種受生方式。

阿修羅道一言以蔽之：九怪。

鬼王有哪些？

依照《地藏菩薩本願經》〈閻羅王讚歎品第八〉所載，鬼王是在用鐵圍的山裡面，也就是插翅也難飛，鬼王是管理鬼的王，不是壞，只不過還懷有懲忿心。

爾時鐵圍山內，有無量鬼王，與閻羅天子，俱詣忉利來到佛所。所謂：惡毒鬼王、多惡鬼王、大諍鬼王、白虎鬼王、血虎鬼王、赤虎鬼王、散殃鬼王、飛身鬼王、電光鬼王、狼牙鬼王、千眼鬼王、噉獸鬼王、負石鬼王、主耗鬼王、主禍鬼王、主食鬼王、主財鬼王、主畜鬼王、主禽鬼王、主獸鬼王、主魅鬼王、主產鬼王、主命鬼王、主疾鬼王、主險鬼王、三目鬼王、四目鬼王、五目鬼王、祁利失王、大祁利失王、祁利叉王、大祁利叉王、阿那吒王、大阿那吒王、如是等大鬼王，各各與百千諸小鬼王……鬼王很多，鬼更多。

這些鬼王如果發了菩提心，不僅能從地獄出來，甚至可以成佛：

是大鬼王主命者，已曾經百千生，作大鬼王，於生死中，擁護眾生。是大士慈悲願故，現大鬼身，實非鬼也。卻後過一百七十劫，當得成佛，號曰無相如來，劫名安樂，世界名淨住，其佛壽命不可計劫。

這是告訴大家，不管環境多惡劣，只要發菩提心，總有一天也會成佛，這個主命鬼王是鬼王界的優等生。

爲什麼在鐵圍山裡面呢？那是衆鬼的心術不正，自己把自己綁住，無法解脫，故用鐵圍作比喻。

現代引領流行、蔚爲風尚的時尚教主也算鬼王，他讓你迷惑，你被牽著走。

地獄有哪些？

《地藏經》記載地獄名稱及數量：

閻浮提東方有山，號曰鐵圍，其山黑邃，無日月光。有大地獄，號極無間，又有地獄，名大阿鼻。復有地獄，名曰四角；復有地獄，名曰飛刀；復有地獄，名曰火箭；復有地獄，名曰夾山；復有地獄，名曰通槍；復有地獄，名曰鐵車；復有地獄，名曰鐵床；復有地獄，名曰鐵牛；復有地獄，名曰鐵衣；復有地獄，名曰千刃；復有地獄，名曰鐵驢；復有地獄，名曰洋銅；復有地獄，名曰抱柱；復有地獄，名曰流火；復有地獄，名曰耕舌；復有地獄，名爲剉首；復有地獄，名曰燒腳；復有地獄，名曰啗眼；復有地獄，名曰鐵丸；復有地獄，名曰諍論；復有地獄，名曰鐵鈇；復有地獄，名曰多瞋。地藏白言：仁者，鐵圍之內，有如是等地獄，其數無限。更有叫喚地獄，拔舌地獄，糞尿地獄，銅鎖地獄，火象地獄，火狗地獄，火馬地獄，火牛地獄，火山地獄，火石地獄，火床地獄，火梁地獄，火鷹地獄，鋸牙地獄，剝皮地獄，飲血地獄，燒手地獄，燒腳地獄，倒刺地獄，火屋地獄，鐵屋地獄，火狼地獄，如是等地獄。其中各各復有諸小地獄，或一、或二、或三、或四、乃至百千，其中名號，各各不同。（《地藏菩薩本願經》〈地獄名號品第五〉）

以上地獄只是約略的舉例，其實地獄大大小小不可勝數，只要做惡，很容易掉下去的，現代社會花樣多，地獄也增加不少名目。

俗話說：天堂有路你不去，地獄無門攢進來。

地獄是自己感召去的，沒有人推你，即便人家的詛咒你下地獄，你也不會下地獄的，只有自作自受。

只有自己才會讓自己下去的。

地獄其實是逼迫，欠錢被追債、犯罪逃亡、吸毒吸到包尿片，這些都是禁錮，好像地獄。

禪修者要深信因果

種瓜得瓜，種豆得豆，不可能種瓜得豆，種豆得瓜，爲何呢？

因爲他們沒有因果關係。

當然因緣果報，因要遇到緣才可能結果，今天把稻苗種下去，還得有水、陽光、空氣、肥料加上照顧，才可能收成。這些是緣，因沒有緣，結不成果。

大家要深信因果，種什麼因，結什麼果。《地藏菩薩本願經》〈閻浮衆生業感品第四〉四天王（統領忉利天須彌山頂四方）問世尊因果，佛答地藏菩薩因機教化這些天人：

若遇殺生者，說宿殃短命報。若遇竊盜者，說貧窮苦楚報。若遇邪婬者，說雀鴿鴛鴦報。若遇惡口者，說眷屬鬪諍報。若遇毀謗者，說無舌瘡口報。若遇瞋恚者，說醜陋癃殘報。若遇慳吝者，說所求違願報。若遇飲食無度者，說飢渴咽病報。若遇畋獵恣情者，說驚狂喪命報。若遇悖逆父母者，說天地災殺報。若遇燒山林木者，說狂迷取死報。若遇前後父母惡毒者，說返生鞭撻現受報。若遇網捕生雛者，說骨肉分離報。若遇毀謗三寶者，說盲聾瘖瘂報。若遇輕法慢教者，說永處惡道報。若遇破用常住者，說億劫輪迴地獄報。若遇污梵誣僧者，說永在畜生報。若遇湯火斬斫傷生者，說輪迴遞償報。若遇破戒犯齋者，說禽獸飢餓報。若遇非理毀用者，說所求闕絕報。若遇吾我貢高者，說卑使下賤報。若遇兩舌鬪亂者，說無舌百舌報。若遇邪見者，說邊地受生報。如是等閻浮提眾生，身口意業惡習結果，百千報應，今粗略說。如是等閻浮提眾生業感差別，地藏菩薩百千方便而教化之。是諸眾生，先受如是等報，後墮地獄，動經劫數，無有出期。

爲什麼你的學校那麼遠？可能你過去常常不準時的關係；爲什麼你住的地方那麼髒亂，那可能你過去常亂丟垃圾；爲什麼得糖尿病、痛風？因爲過去（生）飲食無度；爲何所求不能如願？過去生可能太浪費；爲何生在沒有文明的地方？那可能過去生的邪見。

因果關係可能馬上示現，好比你給人家一個微笑一個讚美對方會回報你微笑喔，當然你打人家一個耳光，對方馬上回敬一個巴掌。因果也可能數年或現世報，也有隔世報的，端看那個果熟了沒有，熟了自然報。

有時候覺得很不公平，竟然有那麼惡劣的人來找碴，那可能是多生累劫的因喔，所以也算公平。

此生享受福報的也是喔，因爲有種好的因，這不是基因，不是父母的關係，而是自己，那個禪，靈性、生命。
有的人一生榮華富貴，事業或身體卻突然出狀況，那大致是福報用盡，業力現前之故。

（四）略說佛菩薩

什麼是佛

「佛」是明白、覺知、眞理。相信眞理者就是信佛。

而所謂「佛教」是佛陀的教育，也是求明白、求眞理的教育。你看到的寺廟如果不依教奉行，那也不算是佛教。

有這十個稱號才能稱爲佛，十代表圓滿。

應供：應該接受供養。

正遍知：正見全部明瞭。

明行足：光明德行具足。

善逝：無所住生其心。

世間解：世間的萬事萬物都能夠解決。
無上士：至高無上的善知識。
調御丈夫：任何事物皆能調和、駕馭。
天人師：是天上衆神的師父。
佛：覺悟明白眞理。
世尊：世上最爲尊貴。

有多少佛

千萬億，很多很多。
但是這個娑婆世界只出現一個釋迦牟尼佛。
也就是說盤古開天以來的這個世界到現在只出現一尊佛，就是釋迦牟尼佛。
其它的佛呢？在過去累劫、在它方世界。
現今世上有沒有佛呢？沒有。

活佛呢？還不是佛。

你呢？你原本就有佛性，只是心被蒙蔽。

什麼是如來

如來是佛的自性。

如來也有另一層含義，可稱作衆生的自性。《華嚴經》云：「一切眾生皆有如來智慧德相，但以妄想、執著而不能證得。」

如者，就是自性，也就是不變；來者，就是智慧。也就是我們的自性不變，才能夠產生智慧。

如就是戒定，來就是慧。本性能有覺（戒），才能安定，智慧才能產生。

阿彌陀佛

阿彌陀佛是梵文，它的意思是無量光、無量壽。「光」代表智慧、「壽」

代表福德，也就是無盡的福慧雙修，福慧兩足尊。

佛教徒常把「阿彌陀佛」掛在嘴上，跟基督徒的「感謝主」一樣普遍。

西方極樂世界

專心一意的念「阿彌陀佛」佛號，就可以往生西方極樂世界。

這是淨土法門。漢傳佛教過去只有高級知識分子接觸佛法，對於一般凡夫俗子、販夫走卒而言要學佛法是很難的。六祖慧能也是在砍柴回家途中聽到有人誦《金剛經》而開悟，自己並不識字，即便識字，沒錢也很難買到佛經。

所以古人白丁多，讀誦大乘佛經有困難。

唯衆生平等，人人具有佛性，也人人皆能成就，因此古大德創立淨土宗，專念阿彌陀佛，可以帶業往生，給一般人帶來無比的信心。

所以現代人去世，最常見的一句話是「願他往生西方極樂世界」。那裡有許多帶業往生的善男子善女人，他們還未證得佛果，先在極樂世界休息一下，讓阿彌陀佛暫時託管，之後還要繼續往前精進。所以西方極樂世界是休息站，不是終點站。

而禪修者可以直接證得果位，無需停留在休息站。

菩薩與羅漢

菩薩是已經證得空性，我空、法也空，而能自度度他、自利利他者。阿羅漢破我執、法執，不執著了，求自我解脫，尚未畢竟空。

觀世音菩薩

觀世音菩薩不是一個人，而是一個生命因素，觀世音菩薩不在這個娑婆世界，沒有人見過祂，即便祂有形有象出現，過去也沒有手機那麼方便，按一下就好，所以祂的形象是修行人入定以後所觀，然後請工畫師畫的，入定所觀不同，故有男有女。現今的觀音像以白衣大士、千手觀音及十一面觀音為主，慈眉善目、救苦救難。

你看聖母馬利亞、媽祖、德瑞莎修女、證嚴法師等，都像白衣大士觀音像。

她們是不是觀世音菩薩示現來世間救苦救難的呢？

當自己的苦難能夠救拔，別人的苦難也能夠濟渡，生命力強化了，所以說觀世音菩薩是我們「生命靈性的免疫力因素」。一個免疫力的生命因素。觀世音菩薩的說法是見人說人話，見鬼說鬼話的，不相信你看看〈觀世音菩薩普門品〉裡怎麼講：

> 無盡意菩薩白佛言：「世尊！觀世音菩薩云何遊此娑婆世界？云何而爲眾生説法？方便之力，其事云何？」佛告無盡意菩薩：「善男子！若有國土眾生應以佛身得度者，觀世音菩薩即現佛身而爲説法；應以辟支佛身得度者，即現辟支佛身而爲説法；應以聲聞身得度者，即現聲聞身而爲説法；應以梵王身得度者，即現梵王身而爲説法；應以帝釋身得度者，即現帝釋身而爲説法；應以自在天身得度者，即現自在天身而爲説法；應以大自在

天身得度者，即現大自在天身而爲說法；應以天大將軍身得度者，即現天大將軍身而爲說法；應以毘沙門身得度者，即現毘沙門身而爲說法；應以小王身得度者，即現小王身而爲說法；應以長者身得度者，即現長者身而爲說法；應以居士身得度者，即現居士身而爲說法；應以宰官身得度者，即現宰官身而爲說法；應以婆羅門身得度者，即現婆羅門身而爲說法；應以比丘、比丘尼、優婆塞、優婆夷身得度者，即現比丘、比丘尼、優婆塞、優婆夷身而爲說法；應以長者、居士、宰官、婆羅門婦女身得度者，即現婦女身而爲說法；應以童男、童女身得度者，即現童男、童女身而爲說法；應以天、龍、夜叉、乾闥婆、阿修羅、迦樓羅、緊那羅、摩（目＊侯）羅伽、人非人等身得度者，即皆現之而爲說法；應以執金剛神得度者，即現執金剛神而爲說法。」

因此，你所見到的神尊降臨，乩童起乩，全身是血，攝受衆生，這種是不是「應以執金剛神得度者，即現執金剛神而爲說法」呢？

是不是觀世音菩薩的應機說法？說給最底層的信衆聽的呢？

如果你能如是「觀」觀世音菩薩，菩薩就離你不遠喔。

而觀世音菩薩對利根的禪修者則說：

佛告無盡意菩薩：「善男子！若有國土眾生，應以佛身得度者，觀世音菩薩即現佛身而為說法。應以辟支佛身得度者，即現辟支佛身而為說法。應以聲聞身得度者，即現聲聞身而為說法。」

所以觀世音菩薩無時無刻依照衆生的根器，應機教化衆生，有沒有感覺到？

現代人讀經的疑惑出在用化身（肉身）的角度看經文，所以看不懂。經文基本上是以法身（靈性）的角度去思考的。

好比說一般知識分子讀〈觀世音菩薩普門品〉起頭看了就覺得無稽之談，所以不能夠進入觀世音菩薩的修行法門：

佛告無盡意菩薩：「善男子！若有無量百千萬億眾生，受諸苦惱，聞是觀世音菩薩，一心稱名，觀世音菩薩即時觀其音聲，皆得解脫。若有持是觀世音菩薩名者，設入大火，火不能燒，由是菩薩威神力故。若為大水所漂，稱其名號，即得淺處。」

眾生面對苦惱，找不到方法，佛說你持觀世音菩薩的名字，假設進入大火中，火就燒不到你。

如果用肉身思考，那就卡關了，因為你看到大火熊熊燃燒，你一邊念觀世音菩薩救苦救難，一邊用肉身擋火乃至跑進去火場。哇！燒死了。

然後眾人都說：無效。

按照佛所說，持觀世音菩薩名號，火不能燒，為何燒焦？是佛亂說嗎？不是的，因為你是用識（知識）在讀經，而不是用心（靈性）在讀經。

佛先說眾生有「苦惱」，然後教你如何對治苦惱。

火代表心中的那一把火，火不在外，在內，生氣了，起了瞋心，這個時候你念觀世音菩薩名號，你的心中的怒火就熄滅了。

被大水所漂，水代表慾望。嗜欲深者天機淺，大水就是慾望太過頭了，容易被迷惑，這個時候你能持觀世音名號，你得慾望就不會太大。「即得淺處」就是不會被慾望吞沒，淺處的意思是「慾望變少」而得解脫，而非無慾。

觀世音菩薩慈悲，要人寡慾，而非無慾。

觀世音菩薩對上根器的人，以佛身、聲聞、緣覺身說法；對下根器的人，以執金剛神身說法。

觀世音菩薩不捨眾生，應機說法，對任何一個眾生都是平等平等。

另外有人問：觀世音菩薩是男的還是女的呢？有這種問號的人還是用肉身見如來。

觀世音菩薩不是男的也不是女的，祂不是人、沒有形體，而是「一個生命因素」。各個菩薩都一樣，非男也非女，是男也是女，所以不要去探討地藏王菩薩是男是女，祂也是你的另一個生命因素。觀世音菩薩大悲，地藏王菩薩大願。觀世音是生命的免疫力因素，地藏王是生命的覺醒因素，學地藏王讓你的生命覺醒。

也就是說：你如果你具備觀世音菩薩的性德，你就是觀世音菩薩；你同時俱有地藏、觀音的性德，那你既是觀世音菩薩也是地藏王菩薩。

讀經典沒有轉識成智，用識性讀經是看不懂的，大家要明白這一點。

四大菩薩

講到四大菩薩，至少可以寫百篇博士論文，在這裡不小題大作，有興趣研究的讀者可以深入探討。我們在這裡只講常識。

菩薩，梵語，音爲菩提薩埵，譯爲覺有情。還是不懂對不對？

首先菩薩是一位覺悟的人，然後願意做衆生牛馬者，稱爲菩薩。

有證量才稱爲菩薩，菩薩道行很高，阿羅漢高於天仙，而菩薩高於阿羅漢。修成仙就不容易了，何況是阿羅漢，何況是菩薩！

所以修成菩薩果位是不容易的，但我們可以學習祂的精神。

眾生皆有佛性，如果你證得菩薩果位，等於說你在成佛之道已經兌現百分之九十九以上，離佛不遠了。

有些菩薩雖已成佛但不捨眾生苦，自動化現菩薩身分度脫眾生，如觀音、彌勒、文殊、普賢都是。

說你有菩薩心腸，不是說你是菩薩，是說你有菩薩一般的心腸。

菩薩有幾位呢？累劫以來菩薩多如繁星，而跟我們最親近的菩薩有四個，依次是地藏菩薩、觀世音菩薩、文殊菩薩、普賢菩薩。因爲跟我們有緣，因此在中國的四大名山各自有各自的道場。

眾所周知，地藏菩薩的道場在九華山、觀世音菩薩在普陀山、文殊菩薩在五台山、普賢菩薩在峨眉山。

是不是菩薩住在那裡呢？是的。是不是菩薩只在那裡呢？不是的。

菩薩在任何地方、在你我之間，無時無地不菩薩。而名山道場是各菩薩「精神」中心。要注意是精神中心，不是肉體中心。即便九華山裡有肉身菩薩，幾百年也沒有壞掉，那是菩薩示現，讓眾人相信佛法。九華山的肉身菩薩不等於九華山，重點是菩薩的精神。

菩薩不捨慈悲，祂們用生命（靈性）表法教導我等衆生，四個菩薩不是那個佛像，祂代表的是「四種生命因素」。

地藏菩薩也就是心地如來藏菩薩，祂是我們自己的生命「覺醒」因素；觀世音菩薩也就是觀自在菩薩，祂是自己的生命「免疫力」因素；文殊菩薩也就是智首菩薩，祂是我們自己智爲先導的生命「超越」因素；普賢菩薩也就是普現菩薩，祂是我們自己的生命「實踐」因素。

先「發願」，後「悲願」，再「智願」，最後「行願」，恰恰是生命的起承轉合。地藏菩薩第一棒，觀世音菩薩接力，文殊菩薩第三棒，普賢菩薩第四棒。發菩提心若能發願、悲願、慧願、行願四願都發，也就是你能覺醒、有免疫力、能夠超越、能夠實踐，那你的人生是圓滿而精彩的，成佛之道指日可待。

地藏菩薩是心地的寶藏，人身踩地才踏實，心裡也要踩地才有依靠。所謂「腳踏實地」，心地也要踏實啊！

四大菩薩都不是講某一個人或某一尊像，你去膜拜哪一尊。基本上是尊敬，對於禪修沒有關係。話說回來，你爲什麼要去頂禮一尊佛像呢？其實尊敬的是菩薩的精神而不是那個像，禮敬祂只是借相取義，否則沒有意義。

這個地藏的生命因素是一個生命覺醒因素，當你覺醒了，你會有願望，希望架構自己的生命藍圖。小時候的作文一定有「我的志願」這個題目，道理一樣。地藏的生命因素讓你覺醒，你有願望，願什麼望呢？發什麼願呢？

《地藏菩薩本願經》裡講了四個故事：

首先大長者子出場，見到獅子奮迅具足萬行如來相好莊嚴，心嚮往之，於是問如來如何可得此相，如來告訴他：因爲願力。因此大長者發願「盡未來際不可計劫，度盡衆生，方成佛道」，於是他變成地藏王菩薩，這是最初發願，是發「願菩提心」。

再者講一位婆羅門女，因爲她的母親譏毀三寶，因此死後墮入地獄。她下地獄救母，奮不顧身。因爲她的孝心，母親及同伴們都從地獄轉生天上，這是發「行菩提心」。大長者子因爲要自己好看，婆羅門女是因爲救母，救母的同時母親的同路人也都得救，發菩提心的心量擴大了。

第三個出場的是一位小國王，他與鄰國小國王一起發心救度造惡的人民，於是鄰國國王先成佛、自己卻發願要度盡衆生以後再成佛。這個小國王也是地藏王菩薩，發的願是「勝義菩提心」，救的是國土人民，利益衆生，心量更大了。

第四個是光目女，因爲她的母親在生時愛吃魚蛋鱉蛋，殺業很重，去地獄受苦之後投胎他們家，是奴婢的孩子，而且只能活十三歲。於是她發心讓母親轉世長命百歲，而後能出家修行。這個光目女也是地藏菩薩，她發的是「世俗菩提心」，不僅讓母親今生受福，未來生也得解脫，以至母親後來成爲菩薩，名解脫菩薩。不僅母親，福度光目的羅漢也成就爲無盡意菩薩，光目自己成爲地藏菩薩，三得利。

所以地藏菩薩是不是在九華山的金喬覺呢？應該說金喬覺也是地藏菩薩，《地藏菩薩本願經》裡的大長者子、婆羅門女、小國王、光目女也都是地藏菩薩。

你呢？你是不是地藏菩薩呢？

只要生命覺醒，學習地藏菩薩發願，發菩提心，你也可以是地藏菩薩。

發了願之後呢？讓你的生命要有免疫力，這時候觀世音菩薩的性德出現，觀世音菩薩教導我們聞、思、修。《心經》是「觀自在」，先度己；普門品是「觀世音」，後度人。聞聲救苦，同體大悲。

《華嚴經》第二十七參的善知識是「觀自在菩薩」，《妙法蓮華經》第二十五品「觀世音菩薩」普門品也是代表大悲救世之意。

常念觀世音菩薩佛號，你跟祂相應，救苦尋聲，千處祈求千處應，你的苦有人知，別人苦你也知，你不再被大火（瞋心）所燒，不被大水（慾望）所漂，你的生命免疫力提升了，具有自我修復能力。

只有大悲心而無智慧，好像只有日沒有月，悲智要雙運，徒有悲心，常常錯用心，所以文殊菩薩來接力，祂教你善用心，用的心不是分別心。有分別心則會起煩惱，文殊菩薩教你「善用其心」，你才會有般若智慧，生命才能夠超越。

生命的免疫力強化了、智慧增長了之後要去實踐。生命是無限的，讓「無限生命無限超越」。生命超越了，靈性提升了，要去實踐體會生命的自在、解脫煩惱，於日常生活中所遇見的所有人、事、物，都正是我們可藉以修行的對象。所以是普賢菩薩，這是普賢行願。

在行願中實踐了理無礙、事無礙、理事無礙、事事無礙的佛境界。

四大菩薩跟禪定有什麼關係呢？第一、菩薩都有禪定的功夫；第二、我們可以學習菩薩的功夫；第三、四大菩薩的表相就是發菩提心。

地藏菩薩表生命的覺醒，是出離心；觀世音菩薩表大悲心；文殊菩薩表般若智慧（空證見）；普賢菩薩表實踐。恰恰是發阿耨多羅三藐三菩提心，然後去實踐生命的圓滿工程。

四大菩薩的示現，讓我們從覺醒到大悲、從大悲到般若，從智慧到生命實踐，在實踐中成佛。

法身、化身、報身

法身是修行的成就果位，觀世音菩薩也稱法身大士，欲證得法身果位要先修到十信位。十信位以上就入法界，不在六道，不再輪迴。法身無身，並無形像，如靈魂，看不到。

化身是證得法身成就者，乘願來這個世間，化現的人身。釋迦牟尼佛就是毗盧遮那佛的化身。

報身是世間為了報答成就者所塑化的形像及其精神，佛像及菩薩像都是報身。信眾在塑像前面見到的是報身，所頂禮的是法身，不是木頭人。

這是最大的誤解。販夫走卒拜佛像大部分是因為敬畏而拜，知識分子鄙視木頭刻的佛像認為有什麼好拜？不是迷信嗎？

當然不是迷信啊！

佛菩薩無形，像是人想像出來的，依照每個佛菩薩的法性特質，方便教化眾生而塑造。地藏菩薩以出家眾（光頭）的形象出現，是因為祂發大願救度眾生，希望眾生都能皈依三寶，所以現出家眾的形象，祂不一定是出家人。觀世音菩薩常被塑造為相貌端正的女居士像，因為祂的大慈大悲，聞聲救苦，跟母親的特質很像。因為我們喊救命的時候很常喊「阿母喂」，塑造女相，是為方便濟度眾生，其實觀世音菩薩不一定是女的。

大家拜佛菩薩像，其實是希望世間人能夠跟佛菩薩相應，讓世間人能與佛一樣、菩薩一樣。

佛菩薩也不需要你去拜他，祂們殷殷期望的是希望大家好好的修行，將來有一天證得跟祂們一樣的果位。佛希望大家成佛，觀世音菩薩希望大家以後也能成就變成觀世音菩薩。

這是最精華的地方，人人具有佛性，人人可以成佛。

你要相信這一點。

另外所謂色身（肉體）就是我們的身體，法身是我們超越身體肉眼見不到的靈性，人吃五穀雜糧滋養肉身，好比機器不停的運轉，用久了多少會故障。身體也如此，當色身（肉體）不健康的時候就要去看醫生。色身的問題色身治，靈性的問題靈性治。

道家求長生不老藥，所以煉丹、煉炁，目的是要延長壽命。

佛家不強調長壽，色身的成、住、壞、空，就像春、夏、秋、冬那麼的自然，當身體敗壞了，自然死亡了，換個軀殼，重新再來。

所以佛家對於死亡並不那麼的看重，看重的是法身慧命，也就是靈性的部分。解脫自在的日常智慧才是該追求的，如果煩惱不斷，活到一百二十歲也沒有意思。

禪修不在治病，禪修讓你少生病。

第二篇

上課

● 第四章

禪這麼修

(一)身體禪

接地氣

赤腳接地氣，讓身體放電。

擁抱

擁抱樹木，讓正負離子平衡。

擁抱愛人，親子要擁抱，愛人要擁抱。

淨化

凡人的身語意充滿了各式各樣的

雜訊、雜質乃至惡質，這些要先清理。就像家裡非常的髒亂，必須先打掃乾淨，把垃圾清理之後才適合居住。人體也是一樣，也需要對身、語、意的清潔打掃，才能進入禪修。沒有淨化過程，雜訊、雜質、惡質還在體內流串，是不可能進入禪修的。這個淨化過程我們稱之爲「淨化禪」，也就是說淨化禪是禪修的前行。

三通

禪是生命靈性的東西，要靠色身（身體）來修。身體不好，障礙禪修。

三通是尿管要通、糞管要通、血管要通。三管跟水管一樣，用久了會老化、硬化、阻塞。

腸道宿便，息肉卡關，大便走走停停。腎氣不足，尿道卡垢，小便滴滴答答。血管硬化，阻塞不通，氧氣輸送不良。這三管是身體大三通，三大不通，身體不會好。

應該注意保養、清淤。一肚子大便修不了禪。

全身通

神通不如全身通。

三通是健康的基本。若要身體自在，必須要全身通。所謂全身通就是氣脈都通，特別是分布全身的毛細孔。靜坐的人會感覺到毛細孔也會呼吸，毛細孔也會排汗，排汗能排毒，促進新陳代謝，所以要流汗。

正常的排汗才能正常的排毒，局部冒汗、盜汗並不是正常排汗。

濁氣

人兩肢，因站立故，濁氣下降，清氣在上，故頭腦清楚；而動物四肢，五臟六腑與頭腦同高，濁氣流動，故昏沉掉舉。君不見大多動物沒事成天睡覺，此故也。因此人類才能成爲萬物之靈，主宰這個娑婆世界。

可是地心引力的關係，站立者濁氣下降，五臟六腑腸胃無不下垂，以致下腹部的老廢物一天天沉積，這是人身最大的困擾。

養心必以養身爲先，身體不清理，廢物不排出，靜坐只是維他命。

修行障礙

現代人的修行障礙是生活太方便了。

古早修行人一早起來上山砍材，輕便地出門，負重地回來。下山汲水，也是空空的水桶出門，滿滿的水桶回來。煮一頓飯，先劈柴、再用石頭起火，燒開水；煮好飯時，已經把修行的前置作業做好了。吃飽飯到河邊搗衣，把衣服曬好以後再進禪堂，進禪堂後容易入定。

反觀現代人，不管出家在家，要水打開水龍頭就有，要火打開瓦斯爐就好了，洗衣服會投籃進去洗衣機就好；出門就坐車，上樓就搭電梯，要多方便就有多方便。可是注意啊！這些都是修行的障礙，這是肉身的修行障礙。

而訊息的爆炸、太多的雜訊、識性的發達（用腦），又是生命（靈性）的修行障礙。

（二）善用其心

用心不用腦

用腦會分別、執著及妄想，眼睛看的、耳朵聽的、鼻子聞的、舌頭嚐的、身體觸覺乃至意識形態等等五蘊六塵，都是修行的干擾。

修行就單單純純的一顆心，禪用心，善用心，置心一處。

信

信佛就是信自己，相信自己就是毗盧遮那佛（原始佛）。

相信自性本自清淨，只是迷惑了，現在開始喚醒自性。

明覺

一般人少知少覺甚至不知不覺，為什麼呢？

因為太依賴方便，不能覺知這些方便並非憑空得來，而是天、地、日、月、風、雷、山、澤合和與眾生共同努力得來。

說眾生，天上飛的、地上爬的、人、鬼、神都是眾生。

土地裡要有蚯蚓，植物才得以成長。經過雨水的滋潤、養分的供給，農夫的悉心照顧，運輸的協助，市場的方便，廚具、鍋碗瓢盆、瓦斯的供應，有人動手作菜，還有各式各樣的調味，單單一頓飯，有多少的恩澤！

現代人太方便了，當方便成為理所當然，就便成「文盲」——文明發展下的盲人。這種盲人雖然有眼睛，就是看不見，天地人鬼神都看不見！

因為這些不是靠肉眼，肉眼只能看眼前，對自己鈍感、對眷屬疏離感、對環境的無感。

「明覺」是明白覺知，這就是佛，學佛就是學個明白。

武林高手是「警覺」，神經時時刻刻都處在緊繃的狀態下，這種狀態是對外而不是對內。

對外警覺很累，對內明覺很輕鬆，你要哪一種？

內觀要清淨心，萬緣放下。身體好比一杯濁水，要靜才能清，清靜心才能開啓智慧，不掉入輪迴。輪迴就是一再的習氣，因爲太混濁了，看不清楚，找不到出口。

明覺叫人覺醒過來，能做生命的主人，才能自在。

無明

無明就是不明白，一直就不明白的是習性，所以被習性牽著走。因爲習性成慣性，所以容易被看穿。算命的很容易算你的命，神準！當你明白了，就會改變習性。

要不你學習袁了凡。你會發現命讓你轉動了，你不再被業力習性所控制，你做生命的主人。

愼獨

每天騰出時間做禪的事，面對無形的自己，愼獨。

口誦經咒、靜坐都好，要每日。

行住坐臥無不是禪，那定功了得，心不爲所動時，那就調伏自己了。

寫字定心，寫經尤佳。毛筆優於鋼筆，小楷優於大楷。

好好利用陽光、空氣、水，隨手可得又不用錢。

用佛號、咒語塡滿你的生命空間。趕時間搭車，車子剛離開，搭電梯，電梯也剛上去，這時候與其心煩氣躁，不如持咒、念佛。你的心，不急躁，賺到的是清涼自在。

求人（求神求鬼）不如求己

宋朝大文豪蘇東坡有一回去找佛印法師，看到大殿的觀音菩薩手上拿著一串念珠，於是問佛印：請問觀世音手上拿著佛珠在念誰？佛印答：觀世音念觀世音啊！蘇東坡不解，佛印也不說。臨走前蘇東坡恍然大悟大叫一聲：哇哉！觀世音念觀世音意思就是「求人不如求己」對否？

的確，禪修是自己的事，當觀世音念觀世音就變成觀世音的平方，觀世音2.0；繼續念下去就變成無限次方。禪修也是，一直精進禪修的話，就妙不可言了。

求道者

禪修者不用大腦，用大腦者是知識型學者，用知識學禪好比用沙煮飯，主熟了還是沙。知識型想的是拿證照，要怎麼通過考核，怕考不過會想辦法作弊。

求知者要的是知，求道者要的是做；知道不算，做得到才算。

求道者想的是開悟，悟是吾心；自己的心，不是他人的心。所以不四處求上師灌頂，悟要靠自己。

所以修禪要拿一顆求道的心來實踐。

用心

悟，是自己的事，從心旁。

腦是肉做的，腦是肉字旁，解決不了的問題變成惱，惱心字旁。

煩惱是心著火了，又理不出頭緒。

善用其心

用心有三種，錯用心、散亂用心及事業用心。

錯用心者誤解意思，走錯方向；散亂心者心散亂，無法聚焦；事業用心者專注，程序正確。

要事業用心才能修行，錯用心、散亂用心者要從資糧道（基礎）學習。

昏沉、掉舉的日常，是由於身心不協調所致；身心欲協調，要能善用其心。

現代資訊發達，雜訊多、雜事多、誘惑多，難以用心。因此常規劃渡假，試圖把心靜下來，可是渡假時塵境更多，雖說渡假放鬆，大致在官能方面享受，心猿意馬，很少能收攝。

所以能放鬆的，不在內也不在外，是在自己的那顆心。常常訓練，時時自在。

如何用心

1從日常生活做起。

比如：飯怎麼煮、菜怎麼燒、地怎麼掃、錢怎麼花等等、工作怎麼安排……平日的用心訓練有助於禪修。

2誦經、持咒，成爲每日的功課。

3用佛號塡滿生命的空間，塡滿零碎的時間。

練習用心

1 **放鬆**

隨時觀照自己，保持知覺，觀自己有沒有放鬆，首先最重要的是頭部……觀嘴巴放鬆否、咬牙切齒否、兩頰放鬆否、眉頭深鎖否？

再觀肩頸放鬆否？腰間放鬆否？手臂、手肘、手腕、手指放鬆否？呼吸放鬆否？

2 閉眼用心

把眼睛閉起來，單手慢慢地移動去感受你的手，上上下下左左右右前前後後的移動，感受它的位置。手指動，一次一根，不拘次序，感受它的存在。手指頭關節一節一節慢慢地彎曲去感受它的存在，這時候呼吸平順即可。

3 倒退用心

走路是向前走的，大家都習以爲常，判斷路況，指揮手腳身體，久而久之，習慣成自然。反倒是不用眼睛，倒著走路，這個時候學習用心眼去感受身體的移動，不靠肉眼。

倒著走宜在草原、操場等空曠無障礙地區練習，先安全才安心。

4 一息十念

生命就在呼吸之間，息出息入的專注，是禪修的一個重要的法門。方法很簡單，吸氣的時候念五聲佛號，吐氣的時候也念五聲佛號。念哪尊佛呢？跟自己有緣的佛菩薩任何一尊都行。如果一開始一口氣念不到五聲佛號怎麼辦呢？可以先念一個字五次，如吸氣「佛佛佛佛佛」，吐氣「佛佛佛佛佛」，到兩個字，吸氣「如來如來如來如來如來」，吐氣「如來如來如來如來如來」。直到可以念任何佛號（聖號）：

「阿彌陀佛、阿彌陀佛、阿彌陀佛、阿彌陀佛、阿彌陀佛。」

「哈利路亞、哈利路亞、哈利路亞、哈利路亞、哈利路亞。」

（其它如地藏王菩薩、觀世音菩薩等聖號也可以。）

一息十念練專注力，練出離心。

5 觀

用眼睛看改成用心看。

用眼睛看是「見」，看到的都是別人，看不到自己；用心看是「觀」，觀照的是自己。

凡人可以注視別人三個鐘頭，卻很難注視自己三分鐘。當你在鏡子前面看自己，肉眼對鏡眼，那個鏡子就像照妖鏡，把自己的心眼照的得一清二楚。

鏡子前是如此，沒有鏡子的時候用心觀自己，更會把自己照得晶瑩剔透。你不用攤在別人面前，所以不必偽裝自己，你看得清清楚楚，不必向誰報告，可是自己心裡明白，五蘊皆不空。

透過這樣的反覆練習，你的「觀自在」的能力就能提升。

（三）呼吸法

CB2B法

吸氣——閉氣——吐氣——閉氣。

簡稱CB2B法。此法在訓練專注力，特別是在閉氣當下。呼吸之間短暫的停頓，有助於氧氣在身體裡的燃燒效率，讓臟腑功能增強，亦能提升專注力。

這種呼吸法適用於任何時候、任何地點，隨時隨地可以練習，久而久之成爲自然。

家中有小朋友的，平常養成CB2B法，專注力提高，學習能力強。

左右呼吸法

一陰一陽之謂道，一呼一吸之間也是陰陽；一左一右也是陰陽，陰陽要協調。

我們有兩個鼻孔，自然進氣，因爲習慣不好或者曾經感冒未痊癒留下了後遺症，或鼻子先天的構造，如鼻中隔彎曲，或抽菸、吸毒等不良習慣等，導致兩個鼻孔的進氣量不一樣，久而久之身體也產生奇奇怪怪的不協調性。所以可以用左右呼吸法，來讓左右呼吸平衡、順暢。

次序說明：

用拇指與食指（左右任何一手都可以）放在鼻梁兩側。

先按住一邊鼻子（左右何者爲先不拘）吸氣，然後短暫閉氣。

放開這邊然後按住另一邊鼻梁。吐氣、閉氣、吸氣、閉氣，換另一邊。

吐氣、閉氣、吸氣、閉氣，換另一邊。

如此重複交替單鼻孔呼吸，時間不限，建議二十～三十分鐘，多做多效果。

快速呼吸法

此法是利用丹田之力急速的將五臟六腑的氣吐出，產生氣機交換，讓舊的濁氣排除，補充新的空氣，達到淨化身體的效果。

方法：

1意念放在丹田。

2用丹田的力量將體內濁氣迅速彈出，自然發出「哼」的氣聲。

3當氣吐出後自然的會吸氣，這是反射動作，新鮮的空氣進入身體，除舊布新。

4不能張嘴，應該讓鼻子做鼻子的工作，道法自然。

(四) 煖身法

站樁

1 雙腳與肩平行。
2 膝蓋微曲，不超過腳尖。
3 鬆腰落胯，好像端坐椅子狀。
4 鬆肩墜肘，肩膀放鬆，手肘放鬆。
5 含胸拔背，胸部自然不挺起，背像被拔起來。
6 虛靈頂勁，頭像是被一條布拉起來。
7 雙手自然下垂或者雙手環抱大樹狀，指尖相對亦可。
8 時間不定，盡量站，越久越好。

跑香

（此法僅在禪堂行之，因此應在禪堂接受道場的指導。）

基本是圍繞禪堂行走。

1調整呼吸。

2邁開大步。

3擺動雙手。

4頭看前方。

5步伐加快。

6嘎然而止。

跑香可以煖身，亦可以在行香、跑香不同速度下，練習調整自己的呼吸，口宜閉。

護摩火供

護摩火供是施于藥石，點燃藥石燻息參與者（火供），由德高望重的法師主持儀式，在諸佛菩薩的加持力及法師的法力，帶領衆人誦經、念佛，產生了一個大氣場，龍天護法圍繞，保護信衆的安全。

衆人圍繞火供行走，邊念佛邊按自己的步伐逶著焚燒的藥石或行或走，行走與跑香雷同。只是跑香禁語，護摩是念佛號，跑香在禪堂，護摩在戶外。

有些信衆在這種氛圍下感應了，或吼或叫、或歌或舞、或哭或笑、或鬼哭或神號，狀態百樣，終而短暫昏厥。

這種行法能讓平常壓抑的情緒得到傾瀉的出口，昏厥甦醒之後達到「部分」淨化的效果。此法只能在道場共修，無法自修。海雲和上說：

爐口乃佛口爐身是佛身爐火爲佛意，
當身口意相應，
熊熊烈火焚燒之時，
將生命中、身體中的，
貪、嗔、痴、慢、疑——

燃燒殆盡，
身心靈的雜質、雜訊、雜染，
燒得乾乾淨淨，
當身體法器完全淨化，
即可盛入正法的甘露。

八字功

八字功是自腳底、膝蓋、雙腿、兩胯、腰部、腹部、肩膀到頭上依序劃∞字型的轉動。

∞字功的運動模式有前∞、後∞、順∞、逆∞、上鼓盪∞、下鼓盪∞、左斜鼓鼓盪∞、右斜鼓盪∞等。

八字是阿拉伯的∞，也就是數學符號無限的意思。

腳底∞字源於太極拳，稱爲熊經，對於身體的穩定很有幫助，尤其是對老人家防止跌倒很有效果。

腹部8字主要在按摩內臟，太極拳經云「氣宜鼓盪」，是「以意導氣」，在八字功的動作配合之下達到內臟按摩、鬆筋健骨的目的。

打氣功

打氣功是體內除舊布新的功法，舊的不去新的不來。人的出生與母親臍帶相連，肚臍是我們生命的開始，下方有生殖器官，是生命的延續，生生不息的地方。

所以肚臍以下生殖器以上是我們元氣的藏寶殿，一般稱之爲丹田。元氣好者身體好，當然生殖能力強。

無奈人類是直立的動物，濁氣會下降，久而久之濁氣一直沉積到下腹部，這個藏寶殿後來都變成垃圾場，而且越積越多，所以年紀越大，下腹越大，其道理在此。

打氣功主要是把濁氣排除，讓元氣寶藏維持一個相對清潔的狀態。

打法：

1意念放在會陰（大小二便口之間）上方一寸所謂陰竅的地方，從陰竅發動，做意將下腹部的濁氣提起，通過鼻孔排出，同時補充新氣。

2一連打氣數十乃至百次，然後搭配8字功法交互練習數次。

3最後雙手合掌順時針方向柔動下腹部。

4然後彎腰吐氣，盡量把體內濁氣吐出來。

拜懺

拜懺是歸零的功課，世間的譭謽都歸零，不增不減。

拜懺既能煖身，也是淨化，更能跟衆生和解。強力推薦！

多而滾

滾動是翻天覆地、徹頭徹尾的煖身功法。一般人沒有常滾動，因此容易心生恐懼而不敢放寬心去滾動。滾動的時候或者頭暈或者嘔吐或者反胃或者疼痛，這些都是障礙，因此更需要去排除、去突破。滾動時除了內臟翻動之外，顱腔也滾動，在滾動的過程順便的將體內陳積的瘀、痰、濃等雜物帶出，既是煖身也是淨化，甚至直接出界入定。

欲成就者應該不怕死，死都不怕了，區區的滾動又有何懼？當心放下了，直球對決，那個身體滾動的速度趴趴趴的快如閃電，若能通過這個考驗，在修行的道路上是很容易成就的。

唯滾動時自己不能控制，單獨練習容易撞傷，建議在有助教在場有有安全防護的場所滾動爲宜。

其它

梵唄、華嚴字母音聲練習、瑜珈體位法、太極拳、舞蹈……等都是煖身方法，可以選擇適合自己的練習，重要的是持之以恆。

（五）靜坐法

可以端坐椅子上，也可以坐在浦團上，身體坐直，放鬆自然。坐姿不拘泥於單盤、雙盤或散盤。當然以雙盤為佳，每個人的身體柔軟度不同，不必強求。

上坐

1 調身：身型端正。
2 調息：以口慢慢吐一口氣之後，即閉口改由鼻子入息、出息。
3 調心：放鬆、放下。

坐中

1繼續調身、調息、調心。

2放鬆、放下。

3專注呼吸的息出息入、息長息短。

4意念在風門（鼻孔與上脣間）。

5謹守CB2B的呼吸要領。

6先求量再求質；先求坐得久再求坐得好，從而培養自己的耐性、毅力跟跟解決問題的能力。

7此階段面臨吞嚥口水、腳麻、呼吸不順、昏沉、昏睡、胡思亂想……等等問題，都是自然現象，是階段性的課題，時間久了，依照原則去做，自然能夠克服。

下坐

1做意要下坐。

2口慢慢輕吐一口氣。
3輕輕扭動身體。
4雙手搓熱由上往下擦臉、脖子、背、腰及全身。
5用力按捏雙腿、壓膝關節、轉轉腳踝。
6腳麻就敲打環跳穴。
7腿伸直。
8拉拉筋。
9原地動一動。
10慢慢起身。

小叮嚀：起身後十五分鐘不宜冷飲、三十分鐘內不宜進食、可上廁所。

靜坐時發生的現象，如氣動、見到光、聽到聲音……等等所謂「境界」，不要管它。

禪修者輔助配套

持咒

《大悲咒》三十遍三十分鐘；可以在靜坐前、後或著另外的時間。

南無喝囉怛那哆囉夜耶。南無阿唎耶。婆盧羯帝爍鉢囉耶。南菩提薩埵婆耶。摩訶薩埵婆耶。摩訶迦盧尼迦耶。唵。薩皤囉罰曳。南數怛那怛寫。南無悉吉慄埵伊蒙阿唎耶。婆盧吉帝室佛囉愣馱婆。南無那囉謹墀。醯利摩訶皤哆沙咩。薩婆阿他豆輸朋。阿逝孕。薩婆薩哆那摩婆薩哆。那摩婆伽。摩罰特豆。怛姪他。唵。阿婆盧醯。盧迦帝。迦羅帝。夷醯唎。摩訶菩提薩埵。薩婆薩婆。摩囉摩囉。摩醯摩醯唎馱孕。俱盧俱盧羯蒙。度盧度盧罰闍耶帝。摩訶罰闍耶帝。陀囉陀囉。地唎尼。室佛囉耶。遮囉遮囉。摩麼罰摩囉。穆帝隸。伊醯伊醯。室那室那。阿囉參佛囉舍利。罰沙罰參。佛囉舍耶。呼嚧呼嚧摩囉。呼嚧呼嚧醯利。娑囉娑囉。悉唎悉唎。蘇嚧蘇嚧。菩提夜菩提夜。菩馱夜菩馱夜。彌帝唎夜。那囉謹墀。地利瑟尼那。波夜摩那。娑婆訶。悉陀夜。娑婆訶摩訶悉陀夜。娑婆訶。悉陀喻藝。室皤囉耶。娑婆訶。那囉謹墀娑婆訶。摩囉那囉。娑婆訶。悉囉僧阿穆佉耶。娑婆訶。娑婆摩訶阿悉陀夜。娑婆訶。者吉囉阿悉陀夜。娑婆訶。波陀摩羯悉陀夜。娑婆訶。那囉謹墀皤伽囉耶。娑婆訶。摩婆利勝羯囉夜。娑婆訶。南無喝囉怛那哆囉夜耶。南無阿唎耶。婆嚧吉帝。爍皤囉夜。娑婆訶。唵。悉殿都。漫多囉。陀耶。娑婆訶。(《大悲咒》)

誦經

《心經》七遍,每遍的最後一段(揭諦揭諦波羅揭諦波羅僧揭諦菩提薩婆訶)重覆七次。

觀自在菩薩行深般若波羅蜜多時,照見五蘊皆空,度一切苦厄。舍利子!色不異空,空不異色;色即是空,空即是色;受想行識亦復如是。舍利子!是諸法空相,不生不滅,不垢不淨,不增不減。是故,空中無色、無受想行識、無眼耳鼻舌身意、無色聲香味觸法、無眼界乃至無意識界、無無明亦無無明盡，乃至無老死亦無老死盡、無苦集滅道、無智亦無得。以無所得故；菩提薩埵依般若波羅蜜多故，心無罣礙；無罣礙故，無有恐怖，遠離顛倒夢想，究竟涅槃。三世諸佛依般若波羅蜜多故，得阿耨多羅三藐三菩提。故知：般若波羅蜜多是大神咒、是大明咒、是無上咒、是無等等咒，能除一切苦，眞實不虛。故說般若波羅蜜多咒，即說咒曰：揭諦揭諦，波羅揭諦，波羅僧揭諦，菩提薩婆訶。（《般若波羅蜜多心經》）

行禪

即走路，注意力放在呼吸，或者足底湧泉穴。

獨處時注意呼吸或四念處

四念處：

舊曰四念處，新云四念住。念，即能觀之觀；處，即所觀之境也。釋迦牟尼佛臨入涅槃時，告訴阿難陀及弟子說：「我入滅後，汝等比丘，應依四念處安住。」在廣大的佛法中，爲何佛只說安住於四念處？這是因眾生有四種顚倒妄見：

1緣身執淨

2緣受執樂

3緣心執常

4緣法執我

如果不將此四顚倒妄見消除，則煩惱重重，隨俗流轉。因此在三十七道品中，首要的道品，即是對治此四顚倒妄見的四念處。此四念處即是：身念處、受念處、心念處、法念處。四念處的四種觀法即爲：觀身不淨、觀受是苦、觀心無常、觀法無我。

一身念處：觀身爲不淨也。身爲父母所生之肉身，身之內外，污穢充滿，無些淨處，故觀身爲不淨。又身有內外，己身名內身，他人之身名外身。此內外身，皆攬父母遺體而成。從頭至足，一一觀之，純是穢物。眾生顚倒，執之爲淨，而生貪著，故令觀身不淨也。

以修不淨觀之慧力，對治「緣身執淨」的顚倒妄見。試想我們的身體是否乾淨？任你打扮得如何美觀，當妳滿身大汗時，便會覺得臭氣難堪，何況唾涕便溺等，皆是不淨。當人死後，大家更怕看死人。人到死後，屍體腐爛，遍體生蛆，穿筋囓骨，最後成爲白骨一堆，這個身體的生存，實在不淨。故能觀身不淨，則貪愛渴想，戀慕豔麗色相等煩惱，自可消除，才能把心念安住於道法中。

二受念處：觀受爲苦也。受爲苦樂之感，樂從苦之因緣而生，又生苦樂，世間無實樂，故觀受苦也。又領納名受，有內受外受。意根受名內受，五根受名外受，一一根有順受、違受、不違不順受。於順情之境，則生樂受。於違情之境，則生苦受。於不違不順之境，則受不苦不樂受。樂受是壞苦，苦受是苦苦，不苦不樂受是行苦。眾生顚倒，以苦爲樂，故令觀受是苦也。是以觀苦之慧力，對治「緣受執樂」的顚倒妄見。受，乃領納爲義，也即感受外界的印象。

當我們與境界接觸時，所領納的不論是苦、樂、捨的感覺，在無常的法理上看來，苦受固然是苦，而樂受以至於樂極生悲，仍是逃不了苦。捨是捨受，即不苦不樂的感覺。因眾生外有生住異滅四相遷流，內有意念中的諸想不斷，到底也是苦（即行苦）。故人生是苦，這世界充滿著苦。苦既是由「受」而有，那麼，如苦而不貪戀欲樂，就不爲境界所轉移，則「緣受執樂」的錯見，便不能存在了。

三心念處：觀心爲無常也。心爲眼等之心識，念念生滅，更無常住之時，故觀無常也。又心即第六識也，謂此識心，體性流動，若麤若細，若內若外，念念生滅，皆悉無常。眾生顛倒，計以爲常，故令觀心無常也。

以觀心無常之慧力，對治「緣心執常」的顛倒妄見。「心」是生命的本質，同時是眾生的中心，但心不是固定獨存物，而是因緣和合而有的。因緣和合的心物世界，即是五蘊（色、受、想、行、識）世界，五蘊的身心世界是無常的，會壞滅的，故我們的心是無實體的，不過是心理或思惟之因緣關係的發展而已，絕無實體可捉取；而且心的現象，是念念生滅、剎那不住。怎麼可執它爲常？由此觀心無常之慧力，能使心念遠離執常妄見的過患。

四法念處：觀法爲無我也。法除上之三所餘之一切法，無自主自在之性，故觀無我也。又法有善法惡法，人皆約法計我，謂我能行善行惡也。善惡法中，本無有我。若善法是我，惡法名無我；若惡法是我，善法應無我。眾生顚倒，妄計有我，故令觀法無我也。

以觀法無我之慧力，對治「緣法執我」的顚倒妄見。宇宙萬法，都是因緣互相依存，我們的身體是五蘊四大（地、水、火、風）組合的軀體，一旦四大不調，五蘊離散，生命便死亡。佛說五蘊的我是「假我」，不可執爲眞我。但眾生無知，於無我法中，妄執有我，這種妄執叫做「我見」，有了我見，則有種種偏執煩惱，便不能接受正法。故要使心念安住於道法中，便要以「觀法無我」之慧力，消除「緣法執我」的錯誤。

修此身、受、心、法四種觀想（四念處），皆是重在智慧，以慧爲體，用慧觀的力量，把心安住在道法上，使之正而不邪。謂諸眾生，於色受想行識五陰，起四顚倒。於色多起淨倒，於受多起樂倒，於想行多起我倒，於心多起常倒。若眾生常修此四觀，可除四倒，故名四念處也。在修此四

念處階段上，已經趣向眞實智慧，此後更加精進，智慧增多，再修其他道品，就能步步走上八正道！（《雜阿含經》）

以上看起來靜靜的坐也不是簡單的事，有些人苦不堪言，有靜坐障礙的人，應加強煖身功。

總而言之，靜坐既然能行之有年，從歷來祖師大德無人不靜坐，證明靜坐是一項好投資。

靜坐的苦，能抵銷生活病痛的苦，大家要有信心來克服，絕對划得來。

（六）炁動（激發）

炁動又稱為激發

炁動與靈動不同，炁動是自動，自己透過禪修的一個過程，自己的炁在動；靈動是祂動，無形的神鬼附在人身，是靈在動，與自己努力無關。

炁動在修行的過程非常普遍，對修行人而言並不是太困難的境界，有炁動的現象只是證明自己在禪修過程有點回饋，卻不能以此爲滿足，乃至向人誇耀，這些都不是修行人的本色。

炁動在任何一個階段都可能發生，有些人在靜坐時炁動，有些人在煖身乃至淨化時就會炁動不一而足，炁動時自己意識清清楚楚明明了了。任何暖身法、靜坐都可能產生氣動，氣動不管它，自然就好，如果你要停止啓動，只要意念即可停止。

炁動依照每一個人的身心狀態而有不同，有些人很快有些人很慢。很快的不見得快成就，很慢的不見得慢成就。快慢取決在你那一顆心，求道的心。

小激發

煖身過程及靜坐過程中會產生炁動，也叫小激發，這個時候身體會不由自己的抖動，從頭到腳，這個時候本人的意識很清楚，自己知道自己的身體在動，卻不由自己的大腦決定，這是用心而不用大腦的顯現。

小激發的階段，在身體抖動的狀態下全身的不隨意肌，也就是平常動不到的地方及相對脆弱的臟腑都在動，從而減少身體的自由基，達到治療自己身體的基本功效。

學員經由密集的訓練與學習，有了炁動，身體大致能獲得一定程度的健康恢復。

一般的「自發動功」大致是處在這一個階段的狀態。

大激發

大激發是一個新的體驗，身體開始激發之後（炁動），自己身體並不是由大腦在控制，不受大腦控制，那到底是什麼在控制呢？

沒有被意識控制，也不是神鬼跑過來控制，就好像開水滾了，讓開水滾的是熱能，一旦滾開來，一切都是那麼的自然而然，滾就滾啊。你的pran（元氣）被激發了。

這時意識還是清楚的喔，身體就是充滿能量，所以炁動。

然後繼續依照CB2B的呼吸法，盤坐姿態的身體會自動彈跳起來，有一段時間是沒有空間與時間的空白階段，這個時候好像被彈出界外，出了界，稱爲「限象轉移」。

這個空白的時間長短不一定，有的幾分鐘，有的幾刻鐘。

這種空白時間一過，自己會感到身心進化到一個新的境界，看到樹葉，聞到空氣的感受截然不同。對萬事萬物有新的見解。

全激發

全激發好似大爆炸，地球的形成有大爆炸理論，宇宙經過大爆炸之後形成一個新的地球，這個色身也是一樣，從大激發到全激發，身上的每一顆細胞都翻天覆地的被喚醒，好像換了一個身體一樣，聽說跟頻臨死亡經驗又活過來的人很像。這個時候沒有時間也沒有空間，都是空的，也不知道經過多少時間，這時候的身體，在極度激發過後，沉靜下來的狀態，好像沉睡又好像死亡，這時候色身得到前所未有的放鬆，鬆到極致，細胞一顆一顆的恢復正常的狀態。這時候不能碰觸他的身體，因爲這個時候的細胞壁極度敏感，由於全身沒有受到大腦的控制、沒有分別、沒有執著、沒有妄想，只有自由，也沒有所謂的敵人，當下全身細胞不設防，異常脆弱。

這個時候移動身體，被碰到的皮膚好像被美工刀劃過一樣，極爲痛苦，所以這個時候就照沉靜下來的姿勢不去動他，幫他蓋上毛毯，以免失溫。

這個階段是入定了、出界了、神遊了，時間可能幾小時，也可能幾天。

當出定了以後，身體什麼病痛一切歸零，感覺輕安自在。

因爲大爆炸，爆炸的時候周遭的東西可能全部被移位乃至被破壞，包括佛龕、神桌、壇城等。

如果當下身邊沒有人的話，當事人可能會在大爆炸之後的寧靜，身體失溫，結果如何不可預知。假使身邊有家人朋友看到這種狀態會心慌，慌了就可能搬動身體、試圖搖醒他，或做緊急處理（如CPR）、或叫救護車等等，都對大爆炸的禪修人沒有任何好處，所以不建議在家自己修。

最好要找一個有經驗的道場，在禪師的指導下進行。

一輩子有一次大爆炸的經驗就好。事實上要能夠有大爆炸也不容易。經過全激發（大爆炸）之後身體煥然一新，陳年病痛都沒有了。要入禪定很容易。

（七）純化

淨化好比是過濾；煖身好比是加熱；炁動好比是滾水；全激發好比是是蒸餾。

人身若比喻爲水，原本是骯髒的水，這桶髒水先過濾，再煮熱、煮滾了，最後的蒸餾就徹底的把雜質跟惡質分離了，蒸餾的過程叫純化工程。

大爆炸過後的寧靜時刻就是純化工程。

所以說呼吸法、煖身法、靜坐及大小激發都是中途站，而大爆炸過後的寧靜（純化）才是最終目的地。

人經過純化過程後脫胎換骨、金蟾脫殼一般，生命煥然一新，生命的品質與靈性的提升不可言喻，此時此刻欲修禪定，水到渠成。

全激發並非一蹴可幾，沒有關係，每一個階段都有效果，一起加油！

（八）禪定大般若

經過純化工程之後，是生命靈性啓動的另一個改造工程的起點，透過不斷的禪觀，讓生命（靈性）繼續成長及成熟。禪觀的實踐過程中將得到各種般若智慧。

當生命成熟度到達這個境界之後就要參禪，這個是屬於高階登堂入室的「海印三昧行法」。海印三昧即是大般若智慧。參禪則需要上師指導。（編註：大激發、全激發、禪觀及參禪建議在專業的指導下進行，有興趣的讀者可恰「大華嚴寺禪觀中心」）

楞嚴大定

佛叫文殊師利菩薩持〈楞嚴咒〉得大定，整部《楞嚴經》的意涵都在〈楞嚴咒〉裡。

南無薩怛他。蘇伽多耶。阿羅訶帝。三藐三菩陀寫。薩怛他。佛陀俱胝、瑟尼釤。南無薩婆。勃陀勃地。薩跢鞞弊。南無薩多南。三藐三菩陀。俱知喃。娑舍囉婆迦。僧伽喃。南無盧雞。阿羅漢。跢喃。南無蘇盧多。波那喃。南無娑羯唎陀。伽彌喃南無盧雞。三藐。伽跢喃。三藐。伽波囉。底波。多那喃。南無提婆。離瑟赧。南無悉陀耶。毗地耶。陀囉離瑟赧。舍波奴。揭囉訶。娑訶娑囉。摩他喃。南無跋囉訶。摩泥。南無因陀囉耶。南無婆伽婆帝。嚧陀囉耶。烏摩般帝。娑醯夜耶。南無婆伽婆帝。那囉野。拏耶。槃遮摩訶。三慕陀囉。南無悉羯唎多耶。南無婆伽婆帝。摩訶迦羅耶。地唎。般剌那。伽囉毗陀囉。波拏、迦囉耶。阿地目帝。尸摩舍那泥。婆悉泥。摩怛唎伽拏。南無。悉羯唎多耶。南無婆伽婆帝。多他伽跢、俱囉耶。南無般頭摩、俱囉耶。南無跋闍囉。俱囉耶。南無摩尼。俱囉耶。南無伽闍。俱囉耶。南無婆伽婆帝。帝唎茶。輸囉西那。波囉訶囉。拏囉闍耶。路他伽多耶。南無婆伽婆帝南無阿彌、多婆耶。路他伽多耶。阿囉訶帝。
三藐三菩陀耶。南無婆伽婆帝。阿芻鞞耶。路他伽多耶。阿囉訶帝。三藐
三菩陀耶。南無婆伽婆帝。鞞沙闍耶。俱盧。吠柱唎耶。般囉婆。囉闍耶。
路他伽多耶。南無婆伽婆帝。三補師毖多。薩憐捺囉剌闍耶。路他伽多耶。
阿囉訶帝。三藐三菩陀耶。南無婆伽婆帝。舍雞野。母那曳。路他伽多耶。
阿囉訶帝。三藐三菩陀耶。南無婆伽婆帝。剌怛那。雞都。囉闍耶。路他
伽多耶。阿囉訶帝。三藐三菩陀耶。帝瓢。南無薩羯唎多。翳曇。婆伽婆
多。薩怛他。伽都瑟尼釤。薩怛多。般怛藍。南無。阿婆囉視耽。般囉帝。
揚岐囉。薩囉婆。部多。揭囉訶。尼羯囉訶。羯迦囉訶尼。跋囉。毖地耶。
叱陀你。阿迦囉。密唎柱。般唎。怛囉耶。儜揭唎。薩囉婆。槃陀那。目
叉尼。薩囉婆。突瑟吒。突悉乏。般那你。伐囉尼赭都囉。失帝南。羯囉訶。
娑訶。薩囉。若闍。毗多崩娑那。羯唎。阿瑟吒冰。舍帝南。那叉。剎怛
囉。若闍。波囉。薩陀那。羯唎。阿瑟吒南。摩訶羯囉訶。若闍。毗多崩。
薩那羯唎。薩婆。舍都嚧。你婆囉。若闍。呼藍。突悉乏。難遮那舍尼。

毖沙舍。悉怛囉。阿吉尼。烏陀迦囉。若闍。阿般囉視多。具囉。摩訶般囉。戰持。摩訶疊多。摩訶帝闍。摩訶稅多。闍婆囉。摩訶跋囉。槃陀囉。婆悉你。阿唎耶。多囉毗唎俱知。誓婆。毗闍耶。跋闍囉。摩禮底。毗舍嚧多。勃騰罔迦。跋闍囉。制喝那。阿遮。摩囉制婆。般囉質多。跋闍囉。擅持。毗舍囉遮。扇多舍。鞞提婆。補視多蘇摩嚧波。摩訶稅多。阿唎耶。多囉。摩訶婆囉。阿般囉。跋闍囉。商羯囉。制婆跋闍囉。俱摩唎。俱藍陀唎。跋闍囉。喝薩多遮。毗地耶。乾遮那。摩唎迦。啒蘇母婆羯囉跢那。鞞嚧遮那。俱唎耶。夜囉菟。瑟尼釤。毗折藍婆。摩尼遮。跋闍囉。迦那。迦波囉婆。嚧闍那。跋闍囉。頓稚遮。稅多遮。迦摩囉。刹奢尸。波囉婆。翳帝夷帝。母陀囉。羯拏。娑鞞囉懺。掘梵都。印兔那。麼麼寫烏（合牛）。唎瑟。揭拏。般剌。舍悉多。薩怛他。伽都瑟尼釤。虎（合牛）都嚧雍。瞻婆那。虎（合牛）都嚧雍。悉眈婆那。虎（合牛）都嚧雍。波囉瑟地耶。三般叉。拏羯囉虎（合牛）都嚧雍。薩婆藥叉。喝囉刹娑。揭囉訶。若闍。毗騰崩。薩那羯囉。虎（合牛）都嚧雍。者都囉。尸底南。揭囉訶。娑訶薩囉南。

毗騰崩。薩那囉。虎（合牛）都噓雍。囉叉。婆伽梵。薩怛他。伽都瑟尼釤。波囉點。闍吉唎。摩訶。娑訶薩囉。勃樹。娑訶薩囉。室唎沙。俱知。娑訶薩泥。帝隸。阿弊提視。婆唎多。吒吒甖迦。摩訶。跋闍噓陀囉。帝唎。菩婆那。曼茶囉。烏（合牛）。娑悉帝。薄婆都。麼麼。印兔那。麼麼寫囉。闍婆夜。主囉跋夜。阿祇尼。婆夜。烏陀迦。婆夜。毗沙。婆夜。舍薩多囉。婆夜婆囉。斫羯囉。婆夜。突瑟叉。婆夜。阿舍你。婆夜。阿迦囉。密唎柱。婆夜。陀囉尼。部彌劍。波伽波陀。婆夜。烏囉迦。婆多。婆夜。剌闍壇茶。婆夜。那伽婆夜毗條怛。婆夜。蘇波囉拏。婆夜。藥叉。揭囉訶。囉叉私。揭囉訶。畢唎多。揭囉訶。毗舍遮。揭囉訶。部多。揭囉訶。鳩槃茶。揭囉訶。補丹那。揭囉訶。迦吒補丹那。揭囉訶。悉乾度。揭囉訶。阿播悉摩囉。揭囉訶。烏檀摩陀。揭囉訶。車夜揭囉訶。醯唎婆帝。揭囉訶。社多。訶唎南。揭婆。訶唎南。嚧地囉。訶唎南。忙娑。訶唎南。謎陀。訶唎南。摩闍。訶唎南。闍多。訶唎女。視比多。訶唎南。毗多。訶唎南。婆多。訶唎南。阿輸遮。訶唎女。質多。訶唎女。帝釤。薩鞞釤。薩婆。揭囉訶南毗陀。夜闍。瞋陀。夜彌。雞囉。夜彌。波唎。跋囉。者迦。訖唎擔。
毗陀。夜闍瞋陀。夜彌。雞囉夜彌。茶演尼。訖唎擔。毗陀夜闍。瞋陀夜
彌。雞囉夜彌。摩訶般輸。般怛夜。嚧陀囉。訖唎擔。毗陀夜闍。瞋陀夜彌。
雞囉夜彌。那囉夜拏。訖唎擔毗陀夜闍。瞋陀夜彌。雞囉夜彌。怛埵伽嚧。
茶西。訖唎擔。毗陀夜闍。瞋陀夜彌。雞囉夜彌。摩訶迦囉。摩怛唎伽拏。
訖唎擔。毗陀夜闍。瞋陀夜彌。雞囉夜彌。迦波唎迦訖唎擔。毗陀夜闍。
瞋陀夜彌。雞囉夜彌。闍耶羯囉。摩度。羯囉。薩婆。囉他。娑達那。訖
唎擔。毗陀夜闍。瞋陀夜彌。雞囉夜彌。赭咄囉。婆耆你。訖唎擔。毗陀
夜闍瞋陀夜彌。雞囉夜彌。毗唎羊。訖唎知。難陀。雞沙囉。伽拏。般帝。
索醯夜。訖唎擔。毗陀夜闍。瞋陀夜彌。雞囉夜彌。那揭。那舍囉。婆拏。
訖唎擔。毗陀夜闍。瞋陀夜彌。雞囉夜彌。阿羅漢。訖唎擔。毗陀夜闍。
瞋陀夜彌。雞囉夜彌。毗多囉伽。訖唎擔。毗陀夜闍。瞋陀夜彌。雞囉夜彌。
跋闍囉波你。具醯夜。具醯夜。迦地。般帝。訖唎擔。毗陀夜闍。瞋陀夜
彌。雞囉夜彌。囉叉罔。婆伽梵。印兔那。麼麼寫婆伽梵。薩怛多。般怛囉。

南無粹都帝。阿悉多。那囉剌迦。波囉婆。悉普吒。毗迦。薩怛多。砵帝唎。
什佛囉。什佛囉。陀囉陀囉。頻陀囉。頻陀囉。瞋陀瞋陀虎（合牛）虎（合
牛）。泮吒。泮吒。泮吒。泮吒。泮吒。娑訶。醯醯泮。阿牟迦耶泮。阿波
囉。提訶多泮。婆囉。波囉陀泮。阿素囉。毗陀囉。波迦泮。薩婆。提鞞。
弊泮薩婆。那伽。弊泮。薩婆。藥叉。弊泮。薩婆。乾闥婆。弊泮。薩婆。
補丹那。弊泮。迦吒補丹那。弊泮。薩婆。突狼枳帝。弊泮。薩婆。突澀
比梨。訖瑟帝。弊泮薩婆。什婆唎。弊泮。薩婆。阿播悉摩梨。弊泮。薩婆。
舍囉。婆拏。弊泮。薩婆。地帝雞。弊泮。薩婆。怛摩陀繼。弊泮。薩婆。
毗陀耶。囉誓。遮梨。弊泮闍夜羯囉。摩度羯囉。薩婆。囉他娑陀雞。弊泮。
毗地夜。遮唎。弊泮。者都囉。縛者你。弊泮。跋闍囉。俱摩唎。毗陀夜。
囉誓。弊泮。摩訶波囉。丁羊。乂者唎。弊泮。跋闍囉。商羯囉夜。波囉
丈者。囉闍耶泮。摩訶迦囉夜。摩訶。末怛唎迦拏。南無。娑羯唎多。夜泮。
毖瑟拏婢。曳泮。勃囉訶。牟尼。曳泮。阿耆尼。曳泮。摩訶羯唎。曳泮。
羯囉檀持。曳泮。蔑怛唎。曳泮。嘮怛唎。曳泮。遮文茶。曳泮。羯邏囉

怛唎。曳泮。迦般唎。曳泮。阿地目。質多。迦尸摩。舍那。婆私你。曳泮。
演吉質。薩埵。婆寫麼麼。印兔。那麼麼寫突瑟吒。質多。阿末怛唎。質多。
烏闍。訶囉。伽婆。訶囉。嚧地囉。訶囉。婆娑。訶囉。摩闍。訶囉闍多。
訶囉。視毖多。訶囉。跋略夜。訶囉。乾陀。訶囉。布史波。訶囉。頗囉。
訶囉。婆寫。訶囉。般波。質多。突瑟吒。質多。嘮陀囉。質多藥叉。揭
囉訶。囉刹娑。揭囉訶。閉隸多。揭囉訶。毗舍遮。揭囉訶。部多。揭囉
訶。鳩槃茶。揭囉訶。悉乾陀。揭囉訶。烏怛摩陀。揭囉訶。車夜。揭囉訶。
阿播薩摩囉。揭囉訶。宅袪革。茶耆尼。揭囉訶。唎佛帝。揭囉訶。闍彌
迦。揭囉訶。舍俱尼。揭囉訶。姥陀囉。難地迦。揭囉訶。阿藍婆。揭囉訶。
乾度波尼。揭囉訶。什佛囉。堙迦醯迦。墜帝藥迦。怛隸帝藥迦。者突託
迦。昵提。什伐囉。毖釤摩。什伐囉薄底迦。鼻底迦。室隸。瑟密迦。娑
你。般帝迦。薩婆。什伐囉。室嚧吉帝。末陀。鞞達。嚧制劍。阿綺嚧鉗。
目佉嚧鉗。羯唎突嚧鉗。揭囉訶。揭藍。羯拏。輸藍。憚多。輸藍。迄唎
夜。輸藍。末麼。輸藍。跋唎室婆。輸藍。毖栗瑟吒。輸藍。烏陀囉。輸

藍。羯知輸藍。跋悉帝輸藍。鄔嚧輸藍。常伽輸藍。喝悉多輸藍。跋陀輸藍。
娑房盎伽。般囉。丈伽。輸藍。部多。毖路茶。茶耆尼。什婆囉。陀突嚧迦。
建咄嚧吉知。婆路多毗。薩般嚧。訶凌伽。輸沙怛囉。娑那羯囉。毗沙喻迦。
阿耆尼。烏陀迦。末囉。鞞囉。建跢囉。阿迦囉。密唎咄。怛斂部迦。地
栗剌吒。毖唎瑟質迦。薩婆那俱囉肆引伽弊。揭囉唎。藥叉。怛囉芻。末
囉視。吠帝釤。娑鞞釤。悉怛多。砵怛囉。摩訶跋闍嚧。瑟尼釤。摩訶般
賴。丈耆藍。夜波突陀。舍喻闍那。辮怛隸拏。毗陀耶。槃曇迦嚧彌。帝殊。
槃曇迦嚧彌。般囉毗陀。槃曇迦嚧彌。跢姪他。唵。阿那隸。毗舍提。鞞囉。
跋闍囉。陀唎。槃陀槃陀你。跋闍囉。謗尼泮。虎（合牛）都嚧甕泮。莎婆訶。

很長對不對！修行是眞用心的，眞能背誦的有幾人？不要說在家居士，連專業的出家衆，能持誦者也是稀有，能持續持誦修行而不退轉者世上更爲稀有，故見到此等大士應該頂禮。如果你如是修持，吾當向汝頂禮。

持楞嚴咒是上乘功夫，欲修行者還是要先健全人格性，充實資糧道，

循序漸進，除非你本身條件具足，否則不要想一步登天，畢竟沒上小學就直攻研究所者如鳳毛麟角。

入法界

入了法界者不再輪迴了，除非乘願再來。

佛陀證得佛果以後，講了一部《華嚴經》，詳細說明明了成佛的次第跟方法。

信爲道源功德母，禪修要有充足的信心，它的進程是先修到十信位以後才開始入法界，也就是不再輪迴。入法界以後經十住、十行、十迴向、十地位。八地以上就是大菩薩（摩訶薩），十地位以上菩薩經等覺位、妙覺位到成佛。

一般的有料的修行人阿羅漢，如果破「我執」了就到了七信位，破了「法執」就到九信位，入法界還差一點點。凡人欲修到阿羅漢已經不容易，更何況入法界。除非多生累劫的修行證道，今生又很猛利，否則很難入法界的。

入法界要做什麼呢？入了法界可以解脫煩惱，不再六道中生死輪迴。

對我等一般人而言就是老老實實的禪修，不投機取巧，依教奉行。如果自己覺得破了我執、法執了，那大大的恭喜你、讚歎你。

如果想要確認是否已經入了法界，可以找得道高僧認證，只是世間難找，得看緣分。釋迦牟尼佛的成佛過程，在過去多生累劫也是受燃燈佛的摩頂授記，不是自嗨的。

● 第五章

止於至善

(一)精進修行

大學之道

大學之道在明明德,在親民,在「止於至善」。至善是終極目標,也就是說沒有止境的意思。

禪修也是。從小學的慎獨到大學的明明德、親民、止於至善,也就是從聲聞緣覺的自利(自度)到菩薩道的利他(度人)。

眾生無邊誓願度,煩惱無盡誓願斷,法門無量誓願學,佛道無上誓願

成。(《四弘誓願》)

既然眾生無邊,煩惱無盡,那就沒有止境,止於至善。

見相非相,即見如來

見到外在的任何境界,都不會影響到你,你就自在了。如來,如來如不來,就像你一腳在門外一腳在門內,要進去、還是要抽腿都很自在,你有自主權,不被外境外緣所牽引,就是見相非相即見如來。又好比你在看電視,如果不會被電視的劇情左右,情緒不被劇情牽著走,也是如來境界。

這個跟《心經》的「觀自在」一樣,自在就是見如來,但前提你要「觀」,觀是觀自己(內),見是見他人(外)。你能像一隻大鸛鳥,能夠看到一哩外的小動物,視野很寬廣又深入。這種功夫用在看自己,觀照自己讓自己的心自由自在。

如來就是自性,自性本自俱足,自己原本就有,因為迷惑了,就找不到。禪修讓你找找看。當然凡人能把自己的事搞定就很了不起了。我等應當在獨善其身之後兼善天下，為大家服務。

誦經

打開佛經，佛就在為你灌頂；每日誦經，佛陀就在洗你的臉，還你本來面目；幫你「洗心」，清淨你的自性。

實踐

聽經講道如果不去做，那只是知道。知道的不算，要做到才算，做到就是去實踐，否則你就好像是算鈔票的銀行員，錢永遠不會是你的。

修行不見他人過

自己修行就好，不見他人過，不道他人非。自己認為自己很高尚，看別人這個也不順眼那個也有意見，如此修行不僅沒有功德還掉入地獄模式。

無時不禪

讓禪修填滿你生命的空間。

禪修不止在禪堂，無時不禪、無處不禪。行、住、坐、臥都是禪。

通往般若智慧的最佳路徑

布施、持戒、忍辱、精進、禪定、般若是六度萬行。

一切修行皆以布施爲基礎。禪是不被外面的境界牽引，定是不動心，禪修的目的在得定。

禪定以後必定生般若智慧。

禪定之後才進入般若，其根在布施，沒有布施的禪定，像沒有根的樹一樣，不牢靠。

一旦有了般若智慧，對事對物的本質就清楚明白，煩惱自消。

禪妙

禪修以後起妙用，在生活中體現那種自在的感覺，讚美自己，欣賞別人，覺得這個世界很美好。

禪修以後看見、碰到的萬事萬物都可以輕鬆看待，容易解決，這就是妙用。

禪起了妙用稱爲「禪妙」。

妙用一起，產生了不可說不可說的幸福感覺，不可思議的圓融境界。

這個時候你會欣賞讚歎自己、讚歎別人、讚歎周遭環境，這個境界一到，彼岸也到。

(二) 摘要整理

前行

1 禪（示單）是自己，肉眼見不到的自己，就是靈性、生命。修禪是修自己，讓自己的靈性提升，生命品質更好。修禪是自己的事，與他人無關，但共修會進步。

2 生命中的惡質與雜質、生活中的惡訊與雜訊，要先去除才容易進入禪林。

3 培養良善，對自己、對家人、對朋友、對社會、對環境，保持良善的態度跟行爲。

4 修禪的基本態度是用心而不用腦，要做一個求道者，而不是求知者。

5 修禪的目的是得定，不被外境所牽，內心不亂。

6 禪定功夫好的必能積累般若智慧，智慧要做什麼呢？智慧要能夠解決煩惱，解脫自在的。

7 禪定的基礎是布施。沒有布施的禪定，就像沒有根的樹木，不牢靠。

8 修禪要持續，一日捕魚十天曬網，不會有成就。

9 習性是多生累劫來的，所以很難根治。對生命有覺知，才能從根本上對治。

10 殺業殺不得，冤冤相報，有犯則改，因爲職業的關係不得不殺則要懺悔，要迴向。

11 要深信因果。種瓜得瓜，種豆得豆，種下的因，遇到緣就結果。時間不一定，有的立即報，有的今生報，有的多生報。每一種因遇到緣必定結果，不是不報，時候未到。

12 種下了因，如果沒有緣就結不了果。你知道報應要來，要來就來，好漢做事敢做敢當。如果你希望果報少一點或是沒有，那要眞心懺悔與迴向。懺悔與迴向可能把那種下的種子烤熟了，它發不出芽。

13民間信仰的起乩、靈動，是神尊與乩童的事，與禪修無關。

14通靈者能夠在祂方收到訊息為人解惑，那是通靈者與祂界的訊息溝通，跟你禪修也沒有關係。

15佛教、道教與民間信仰不盡相同。佛教、道教有修行方法與次第，民間信仰沒有。

16佛教與道教都有修行的方式，可以接受指導。禪修與禪定是佛教用語，道家也會拿來用，套路不盡相同，道家遁世成仙，佛家圓融解脫。

17家裡有一個修行者，護佑全家、感化全家。即便出事，大事化小小事化無。反之，家中無人修行，有事發生，原本的小事可能變大事，大事變不可挽回的事。

18修行要先正知見。知見偏差，即便修成神通也是魔業，在世間享受信徒供養而已。但能解脫煩惱，不能跳脫輪迴。

19或有新興宗教崇拜個人，見到「靈動」就趨之若鶩，以為見到佛，今生有依托，這是外求。修者內省內觀，基本上是不一樣的理路。

20 禪修需要資糧，叫做前行。前行是準備工作，首先要有正確觀念，對自己要有信心。日常生活習慣不能邋遢，誠實的面對自己，誠懇的面對他人。

正行

1 舊的不去新的不來，應將身心靈的雜質先清出來。一壺濁水即便滾了也不清淨，宜先淨化。

2 佛就是覺，學佛就是學覺知、明白，眞理的那一條大道。要明覺不要警覺，明覺很自在，警覺很緊張。

3 鬆是修行要領，學習放鬆讓身心休息。不爭不奪，沒有敵人，不需要警戒。

4 呼吸之間的短暫閉氣有助於提升專注力，以及吸、吐氣的氣機交換，提高燃燒效率。

5 一息十念可以訓練專注力及情緒穩定，藉著念佛號（或聖號）可以培養生命靈性。

6 左右呼吸通道要能平衡，一呼一吸之間也是陰陽，一左一右也是陰陽，陰陽要協調。練習左右呼吸法可以協調。

7 快速呼吸法能夠把內臟的濁氣帶出來，達到淨化效果。對於生殖器官強化也有功效。

8 身體要預熱，先煖身而後才容易進入下一階段。站樁、跑香、太極、瑜珈體位法、梵唄、護摩、八字功法、打氣功、舞蹈、滾動等等都可以是煖身法，請擇一或交互練習。

9 靜坐是在煖身之後綜合呼吸法、放鬆法、持咒法的總驗收，需要前行的積累才能見功。坐中啥境界都不要去管它。

10 激發是過程，炁動會讓身體不自主的抖動乃至跳動，這時候注意呼吸的吸閉吐，尤其是閉氣，間隔可以拉長。

11 全激發是生命的大爆發，與瀕死經驗有相似之處，經過大爆發之後，生命好像重新活了起來，身體能量飽滿，禪修很快成就。

12淨化（排毒）、煖身、激發、純化是禪修的四個階段，不管是哪一個階段對於身心靈都有幫助。這個是修理自己的工程，自我修復了就不必向外求道。

13經過大爆發的激發工程之後叫純化工程，好像蒸餾水一樣，也像煮菜收汁的過程，完整了整套的生命改造工程。

14生命改造過後，功夫就有了，細緻度提高，辨別力增強（不是分別心）了，可能有些神通，卻不外顯，不自是、不自伐。

15禪定是一切功德的泉源，出三界、入法界的基礎。

叮嚀

1 能夠禪修證得法身大士之身者，萬分不及一乃至千萬分不及一，假使十萬人中有一人成就，現今世上就有七千個成就者吧？其實沒有。把全職的僧衆算進去也沒有那麼多。何況我等在家衆，俗物纏身，更是不能。

2 要有身體與生命是二不是一的認識，身體有盡，生命無限，即便這一輩子無法證得，只要信心不退轉，無限的超越，就有無限的可能，菩提道上終能成就。

3 人間善事是有漏福報，有一天會用完，福報用盡，業力現前。禪修的是無漏福報，取之不盡，用之不竭。因爲修的是自己，所以鼓勵大家修行。

4 不要有所求。慾望多容易迷失，尤其是去學速成，馬上有神通，天下沒有白吃的午餐，即便散盡家產，學得一招半式，也是愚痴。

5 一般讀者不要因此而退卻，要提起正念，參考本書所整理的內容，作爲每日的功課。至少會越來越自在，看事情比較順眼，那就了不起了。

祝福你！

●第六章

問題簡答

（一）簡答

「禪妙」與「妙禪」有何不同？

跟「大好」與「好大」一樣不同，沒有太大相關性。

本書主要闡述禪的修法，包括學禪的基本心態、應該去除的習性、破除一般的迷信，有了這些前置作業，修禪比較不會走岔路。

透過禪修的方法，精進再精進，最終感覺到禪的美好，在生活中起了妙用，看自己很喜歡，看別人很喜悅，看環境很讚歎，做起事來障礙少，做起人來人緣好，這就是禪妙。

而妙禪是一個師父，創立如來宗，很多年輕的信衆，「感恩師父」、「讚歎師父」是信衆的日常，因爲信衆虔誠，有了平台，若能傳遞正法、正信、正知見給信衆，將會是了不起的功德。

命是算出來的嗎？

命是「運」出來的！先天是多生累劫來的。

好的壞的善的惡的，阿賴耶識會根據晶片記憶體，在轉世投胎時自然地轉到那一道。身爲人，你在哪裡出生、父母是誰？兄弟姊妹是誰都不是自己選擇的，是自己感召來的。

俗話說：不是一家人不進一家門。要成爲一家人要很有緣分，沒緣也兜不在一起。

當然可能是善緣，也可能是惡緣，遇到惡緣不要抱怨，它是來成就你，圓滿你的。遇到善緣也不一定全好，可能是墮落模式。陰中有陽，陽中有陰。

先天的命已經確定，後天的命可以改變。看看《了凡四訓》並參考本書用功禪修，如實去做，好好的「運」，命就改善。

三分病好修行嗎？

因爲有病才會警覺，去治療，去尋找解決方法。易曰：「不遠復，無祇悔。」走沒多遠，發現走錯路，回頭了就不會有大問題。

早日回頭是岸。易曰：「過涉滅頂。」不回頭一直走，積重難返，回不去了。

現代人病苦多，各大醫院人滿爲患，病房一床難求，進出都是艱苦人。色身（肉體）與生命（靈性）如太極，一陰一陽，平衡和諧，如果不平衡，兩者都會產生問題，欲合太極應入禪修道。

修了禪定，自己搞定，醫院少跑，少了健保，減輕家人、社會負擔。

昏昏欲睡可以禪修嗎？

想睡就睡，睡飽再說。

睡的目的是「覺」，所以才叫「睡覺」啊！

睡飽了，不昏沉不掉舉再修。

如何修理自己？

修行之前要先修理，依照佛陀所教導的方式修理自己，怎麼修理？

從修十善業開始。

身業：殺、盜、淫。

口業：惡口、兩舌、綺語、妄語。

意業：貪、瞋、痴。

沒錢沒力怎麼布施？

用法來布施啊，我也沒有法啊！怎麼布施？那你有心嗎？有臉嗎？有手嗎？有口嗎？

有心就會想辦法；有臉就可以布施微笑給人家；有手就可以拍拍手鼓掌；有口就可以讚歎加鼓勵。

即便四肢不健全、全身都是病，乃至於癌症的朋友，都可以布施微笑、鼓掌、讚美。

這樣布施，不用出錢，不會吃力。

當然有錢的人出錢，有力的人出力，心量才會大。對禪修功夫的精進很有幫助。

鐵公雞禪，一毛不拔，有功夫，沒成就。

我沒錢沒時間可以禪修嗎？

利用等待跟移動的時間，等紅綠燈時可以念佛號咒語，等電梯時可以注意自己的呼吸，走路時關照自己的腳步……等，隨時隨地保持覺性，久而久之自然覺醒。

每個人都可以找時間禪修，人生好多零碎時間。你可以把握零碎的時間，用修行塡滿你的生命空間。而且不用錢。

禪修要吃素嗎？

不食衆生肉。

若食衆生肉，當食三淨肉：不見殺、不聞殺、不爲我殺。

在食肉時，應當心存感恩，持往生咒迴向。

另外或可參考回教，穆斯林對牛羊誦《可蘭經》，令牠們心不恐懼、無怨而終。

嘴巴吃素固然很好，心中吃素更重要。

身口意全素者，勇猛精進成就快速。

要共修嗎？

獨學而無友，則孤陋而寡聞。

師父領進門，修行在個人。

學而時習之，練習要比學習時間長。易經、太極都要師傳，能自修而成就者萬不及一，禪修也是一樣，最好能找到一個好道場，找到明師指導，同時志同道合的同學也可以切磋，大家一起共修時的磁場也比自修的能量強。因此禪修是要選擇道場、選擇老師，同時要有同修才不會走冤枉路。

注意選擇名門正派，不去邪魔外道。要妳雙修的、修子宮頸的，那是陷阱。

氣功是什麼？

氣功就是吸氣吐氣的功夫，人人本來具有，只要會呼吸就有氣功，否則早就翹辮子了。只是效率不同，效果也不一樣。

一般練氣從呼吸方法開始，有重丹田吐吶的，有重任督二脈、大小周天循環的，也有開通中脈七輪的。簡而略之，所謂「氣功」就是如何提高空氣進入體內的效率。

氣功好的身體好，甚至可以幫人治病，治病原理是幫助人提昇身體缺氧的局部，效果好壞，看氣功師父的功夫。

其實自己才是自己的師父，有病沒病多曬太陽，多喝水，多運動是最好的建議。

注意喔，不管是練什麼氣，功夫有多高深，終難逃一死！

當然這一輩子生出來就沒有準備活著回去，既然難逃一死，還是死得乾脆，不要拖拖拉拉的，如何能做到呢？氣功可以有點辦法，而最有辦法的還是禪修，不貪不瞋的人，能預知時至，知道哪一天會走。走的乾淨利落，好死、善終。

怎麼炁動了？

雜訊、雜質、無名壓力的釋放，好像火山爆發，像地震的能量釋放。

鬼哭神號、身體抖動、震動，或像魚被抛在地上一樣的跳動，靜坐者會自動的彈起來，這些都是元氣激發的自然現象。當炁動了之後，身心相對的會比較清靜。

炁動了怎麼辦？

1平常心。

2不要認爲自己會飛天會鑽地。身體雜訊與雜質會釋放一些，讓自己比較清靜，對於禪修有幫助。

3找一個正法道場共修及接受指導。

做完煖身功法為何血壓更高？

因爲流汗，不習慣喝水的人在做完煖身功之後身體呈現缺水狀態，使得血液黏稠，血管流動慢，血壓升高。所以多補充水分，養成喝水的習慣，及口渴的感知能力，血壓自然正常。

尤其煖身功法不管是瑜珈、太極、打氣功等等，會讓血管的彈性更好，有足夠水的攝取，即便高血壓患者，血壓應該會恢復正常。

灌頂是否有效？

灌頂故名思義是從頭頂上灌進去所以叫灌頂，那到底是灌進去的是什麼呢？

師父的灌頂其實是加持力、攝受力，是給信眾對於三寶的信心，從而在菩提道上勇猛精進，聽經講法，聽懂了就是灌頂喔，並不是灌了什麼氣，透過手放在頭頂上就能夠增加多少功力嗎？別傻了。

灌迷湯也不是眞的把湯灌進去啊！可是被灌迷湯的人會著迷。迷失的人迷「灌」頂，灌了以後還是迷。

有神通嗎？

當然有。

根據維基百科，佛有以下的神通：

神足通：又稱「如意通」或「神境通」，指的是能在六塵境界中變現自在、飛行自在、轉變自在的神通，能隨心遊歷極遠處，或過去、現在、未來三世，不受時空限制。天耳通：聽極遠方音聲，包括言語等；或能跨過障礙物聽到聲音（例如：密室對談）。他心通：能知眾生心念造作。宿命通：能知眾生的過去宿業，知道現時或未來受報的來由。天眼通：能見極遠方事物，或能透視障礙物（例如：牆）或身體；不受光源明暗以及距離、時間影響。可看透一切事物的實相，其中層次分爲天眼、慧眼、法眼、佛眼。層次與高度的不同則所見不同。漏盡通：指的是斷惑究竟後所得之神通。「漏」即煩惱；能破除執著煩惱，脫離輪迴，意指修行證阿羅漢果。六道眾生如天、人、鬼、神等，有的因世間禪定（修得）或者與生俱有（報得），可以擁有前五種神通中的一樣或多樣，然而能力亦有淺深小大之別；天魔也具有五種神通，得以變現種種奇境，所以有神通者不一定是「神」。

所以說佛法無邊，只是神通並不是目的，神通是修證禪定而得到般若智慧得來，它是自然而然。眾生本自具有的，只是只是眾生迷惑，不能證得。

即便修證神通也不應貪著於神通，生活自在解脫最重要，旁門左道也會修得某些神通，然後到處現顯神通，迷惑眾生而已。

要跟這種師父嗎？請慢。

學佛跟修行一樣嗎？

學佛跟修行是兩個套路，學佛是學覺悟、明白，方法有八萬四千法門，用的是腦，屬於「識性回路」，可以得到心解脫及慧解脫。

修行不用大腦，直接從靈性上修，方法在日常的行住坐臥，有修行系統跟次第，最好有善知識的指導。走的是「生命回路」，目的是身解脫，直接入定。

聽經聞法為何不能入定？

聽經聞法是用識性理解道理而生智慧，是「信解行證」的「解」門。

「戒定慧」由定而生智慧則是「行」門。

一個是知道，一個是做到。

知道怎麼蓋大樓跟蓋一棟大樓完全不同。知道了不算，做到了才算。

由定可以產生智慧；由慧不能得定。

修養與修行有何不同？

修養是人間善法，有修養的人是世間好人，得到的是人間福報，但對於根本煩惱無法解脫；修行是解脫道，根本解脫煩惱。

面對逆境，修養在「忍」，氣往肚子裡吞；修行在「讓」，沒氣生，何需吞。

會成佛嗎？

所謂「放下屠刀，立地成佛」，是講放下的那瞬間種下了佛的「種子」，假以時日可以成佛。不是惡貫滿盈，最後痛改前非，馬上成佛，沒有這種檢便宜的套路。

立地成佛是「那一瞬間你覺醒了」，不能認為你就是佛。過去所造惡業，並非一筆勾消。

死前一句阿彌陀佛，即可往生西方極樂世界嗎？

是的。

問題是面對死亡的恐懼，你還念得出來嗎？空難瞬間、溺水意外時能念得出來嗎？

當下能一心不亂稱誦佛號，必能往生西方淨土。

何謂八觸十功德

禪修過程會有的感覺與境相，歸納有八觸十功德。

八觸，身體的八種感覺——動、癢、輕、重、冷、暖、澀、滑。

十功德，是心情上的感覺——空、明、定、慧、柔軟、善心、喜、樂、解脫、境界相應。

禪修過程的體會，都是自己的內在體悟，經前人整理，做我等禪修者參考。

何謂四禪八定？

四禪者，色界之四禪也，八定者，色界之四禪與無色界之四無色定也，對欲界之散而總謂之定，重言之，則如言詩書六經也。《止觀》九曰：「四禪八定，毗曇成實明之委細。」《同輔行》曰：「言四禪八定者：四在八數，重兼列者。若色無色相對則色禪爲禪，無色爲定。若總以上界望於下欲則上上二界俗名定地，下欲爲散。」四與八並舉者，蓋色界與無色界相對，則在色界爲「禪」，在無色界爲「定」；若以色界、無色界相對於欲界之「散」，則色及無色二界，皆稱爲「定」。故合色界之四禪定與無色界之四無色定，而稱之爲八定。又若區別色界及無色界之禪定，則色界之禪定「定、慧均等」，無色界之禪定，其相微細而「定多慧少」。

四禪八定屬於世間定，是禪定的基礎，佛陀在成佛和涅盤時，也曾修行四禪八定功夫作爲助緣，所以四禪八定重要性不可忽視。由四禪八定的內容可以得知，每一項的禪定成就都是對於前一項的境界感到不滿足，而再加功用行，精進修持所達成。但是一直到非想非非想處定，還不是究竟止息之處，還需要更進一步努力精進，觀人空法空，才能徹底去除心垢，達到解脫。（《中文百科在線》）

以上所言都是知識，禪修一步一腳印，沒有速成，要到101大樓觀景台才能見到的景色在五樓公寓頂是看不到的。禪修者要能實修，唯有境界到的時候才能談。

修禪定者應先到初禪二禪，得定體之後才能具備行者的條件。

停留在四禪八定、九次第定中者，是外道修行。其重點在完成十八種定自在力及種種神通，此乃修行之過程，停留在色界天，並非究竟。修行者應得究竟定、入法界爲要。

禪修有陷阱嗎？

通往覺悟的大道上，你要成佛就會有多少魔來考驗你。不要怕魔，祂們是來考驗你的，基本上也是佛。你要一直保持正知正見，要有覺性，不掉入修行陷阱，才能發阿耨多羅三藐三菩提心。

一般的修行陷阱是個美少女（美男子）來魅惑你，讓你在修行的每一個階段讓你覺得舒服，當你很陶醉在自以爲的境界中，那個美男子其實是魔鬼。

以下三個坑是根據大華嚴寺海雲和上的個人體驗：

1 舒服坑：用意識力禪修者。

2 禪定坑：定在三界中，不出來。

3 羅漢坑：厭世者，圖自己成就。

如何增強功力？

如果在看電視時誦《心經》而不被電視干擾；打開收音機歌聲傳來，還可以誦大悲咒而不間斷；來一桌香噴噴的飯菜你只注意自己的呼吸；嚐到酸甜苦辣各種味道不動念頭；身體不適乃至開刀住院還能一息十念；人家毀謗、指指點點、是是非非，你的心不為所動。畢竟嘴巴長在人家身上，人家怎麼講，那是他的事，與你無關。

以上只是略說，要而言之就是外在的種種不動你的心。你會，那就是功夫；你還不會，請再加油。

修行往生何道？

殺、盜、淫、貪、嗔、痴、兩舌、惡口、妄語、綺語，做得好是十善業，做不好是十惡業。殺、盜、淫是身業；貪、嗔、痴是意業；兩舌、惡口、妄語、綺語是口業；歸納為身、口、意三業。

所謂「萬般帶不走，唯有業隨身」，就是日常的身口意都儲藏在自己的阿賴耶識晶片（簡單的說是生命）。即便身體不堪使用了，離開了這個世間，那個生命會照自己儲存的資料判讀，趨向該去的地方，或者做神，或者做人，或者去三惡道（畜生、餓鬼、地獄）報到，那都是自己的生命記憶體驅動程式。這是六道「輪迴模式」。

若是禪修定功了得的修行人就可以出三界、了生死，不再六道輪迴。

善有善報，惡有惡報。不要說沒有人看到，你自己知道。

（二）後記

無限的超越，止於至善

身體與生命是二不是一，卻如太極一樣相輔相成。欲禪修者當然要像太極圖一樣，沒有善用身體是修不好靈性的。

即便人老了，也要認眞面對自己的生命，讓生命品質高尚，靈性增長是永不止息的事，活到老學到老，學什麼呢？學解脫自在，少一點煩惱。

四大自在

身爲人身，有七情六慾，有煩惱，有種種的追求，因此不自在。所以你若不求今生成佛，至少要讓自己自在一些。有哪些自在呢？

身體

首先身體要自在，現代人面對環境的破壞，生病是五花八門，去各大醫院看醫生的人滿爲患，住院一床難求，難道做人就要去醫院人擠人嗎？說是平均壽命提高了，扣掉躺在病床上的日子，自在的日子不長。所以要禪修，禪修至少讓你身體自在一點。

心靈

罣礙多來自於無明。無明，不明白也。心靈的不自由，讓自己被束縛，有些是自己設限，很多時候是在意別人的看法，所以不自由。

修行人不會活在別人的指指點點。

金錢

錢太多煩惱，錢太少也煩惱。

太多怕失去，怕人家偷、怕人家來搶、怕親戚朋友來借、借了錢怕利息拿不到、投資怕本蝕掉、怕兒孫不肖拜盡家產；錢太少則怕日子過不下去、怕被人家看不起。

錢多不是問題，錢少也不是問題，問題在你會不會管錢而不被錢管。

每天花一萬塊錢的人，會不會比每一天花一百塊錢的人幸福快樂呢？問題不在錢，問題在你的那顆心。

時間

太忙會分身乏術，太閒會活得不耐煩，度日如年。能夠掌握時間，不要被時間壓迫。年紀到了，可以放下的放下，可以交接的交接，留點時間給自己修行，你會覺得日子過得很充實。

心得報告

本書內容皆是十方眾善知識的心血結晶或者說是實證的報告，少數是個人的心得，在傳達上或有誤差，還請多多包涵。

禪修是一條康莊大道，一條對生命負責的生活態度，希望人人都能在其中得利。

或許你正在被生活逼迫，面對人生的種種難題，不管是感情的、親情的、名利的、事業的種種壓力在阻礙你的修行。然而這些逆境，說是障礙，卻也是修行的養分，沒有逆境的考驗，怎能有機會面對，從而解決它。所謂煩惱即是菩提，此話不假。

而如果你在修行的時候沒有障礙，在用功的當下沒有人找你、沒有電話吵你，那要恭喜你，你很有福報。

不論是順境還是逆境，都是修行的道路，都好。

菩提道上有你，眞好。

本書是概論的參考書，對本書所言禪修與佛法方面若有謬誤，當依華嚴宗海雲和上解釋；對海雲和上解釋有疑慮，當依本師釋迦牟尼佛所言。

對禪觀有興趣者請洽「大華嚴寺禪觀中心」。

作者簡介

四三先生

農家子弟，工程背景，商學碩士，預備軍官，民間企業打工十八年（自基層至總經理），後創辦公司，是企業主。普通家庭。妻賢子肖，和諧圓滿。

從小對於生命好奇，學生時代即博覽古今中外哲學叢書，不能甚解。及長，拜當代易學國師，單獨傳授易經，又拜當代太極宗師，學習陳氏太極凡十餘載（兼任協會祕書長），一文一武。又承全程靜坐創辦人席長安先生個別指導靜坐心要。

太極及易經雖為中華文化精華，卻不能徹底的解決生死與煩惱的問題：如我打哪兒來？要往哪裡去？生命的意義跟價值是什麼？後來特殊因緣從海雲和上學習禪觀（兼任護法會會長）之後，完成了自己對生命認知的最後一塊拼圖，豁然開朗。

經歷：中華意象太極協會祕書長、大華嚴寺護法會北區協會長

禪妙：生命靈性的幸福起手式 / 四三先生編著 . -- 初版 . -- 臺北市：時報文化, 2019.10
面； 公分 . --（時報悅讀 ; 29）
ISBN 978-957-13-7979-1（精裝）
1. 佛教修持
225.7 108016108

ISBN 978-957-13-7979-1
Printed in Taiwan.

時報悅讀 29
禪妙：生命靈性的幸福起手式

作者 四三先生 | **主編** 李筱婷 | **編輯** 謝翠鈺 | **行銷企劃** 藍秋惠 | **封面設計** 陳文德 | **美術編輯** SHRTING WU | **董事長** 趙政岷 | **出版者** 時報文化出版企業股份有限公司 10803 台北市和平西路三段 240 號 7 樓 **發行專線**—（02）2306-6842 **讀者服務專線**—0800-231-705．（02）2304-7103 **讀者服務傳真**—（02）2304-6858 **郵撥**—19344724 時報文化出版公司 **信箱**—台北郵政 79-99 信箱 **時報悅讀網**—http://www.readingtimes.com.tw | **法律顧問** 理律法律事務所 陳長文律師、李念祖律師 | **印刷** 盈昌印刷有限公司 | **初版一刷** 2019 年 10 月 25 日 | **定價** 新台幣 500 元 | 缺頁或破損的書，請寄回更換

時報文化出版公司成立於 1975 年，並於 1999 年股票上櫃公開發行，
於 2008 年脫離中時集團非屬旺中，以「尊重智慧與創意的文化事業」為信念。